Simone de Beauvoir ist die intellektuelle Frau des 20. Jahrhunderts schlechthin. Als Romanschriftstellerin wie als feministische Theoretikerin in aller Welt berühmt, bot sie das Bild der erfolgreichen, unabhängigen Frau, deren Faszination durch die Beziehung zu Sartre noch verstärkt wurde. In Toril Mois kritischer, aber auch mitfühlender Untersuchung lernen wir Simone de Beauvoir als eine Frau kennen, deren Persönlichkeit von Widersprüchen und Konflikten geprägt war.

Toril Moi nähert sich der großen Wegbereiterin des Feminismus in der Auseinandersetzung mit literarischen, autobiographischen und philosophischen Texten Simone de Beauvoirs. Sie spürt den Brüchen, den »blinden Flecken« nach, die in ihrem Werk zutage treten: Im Zusammenhang mit biographischen Bezügen und psychologischen Analysen ergibt sich ein höchst differenziertes Bild der Psyche Simone de Beauvoirs.

Die Autorin untersucht den Einfluß der französischen Bildungsinstitutionen auf Beauvoir, ihre Auffassung von Liebe und Sexualität und legt die Widersprüche und Konflikte frei, die das Leben intellektueller Frauen auch heute noch prägen. Sie kommt zu einer neuen Interpretation der Beziehung Beauvoirs zu Sartre sowie ihrer Beziehungen zu Frauen und deutet Beauvoirs literarisches Werk als »Schreiben der Depression«. Und schließlich: Im Unterschied zu anderen feministischen Theoretikerinnen erklärt Toril Moi ›Das andere Geschlecht‹ zum Grundlagenwerk des materialistischen Feminismus.

Das in mehrere Sprachen übersetzte Buch wird der bedeutenden, häufig aber auch diffamierten Simone de Beauvoir in ihrer Vielschichtigkeit durch brillante intellektuelle Analyse gerecht.

Toril Moi ist Professorin für Literaturwissenschaft und Romanistik an der Duke University (USA) und außerordentliche Professorin für vergleichende Literaturwissenschaft an der Universität Bergen (Norwegen). Ihr erstes Buch, ›Sexus – Text – Herrschaft. Feministische Literaturtheorie‹, eine kritische Auseinandersetzung mit feministischer Literaturtheorie, wurde 1989 in Deutschland veröffentlicht. Toril Moi beschäftigt sich mit feministischer Theorie und der französischen Literatur und Kultur des 20. Jahrhunderts. Sie lebt in Durham, North Carolina.

Toril Moi

SIMONE DE BEAUVOIR

Die Psychographie einer Intellektuellen

Aus dem Englischen von
Ingrid Lebe

Fischer Taschenbuch Verlag

Wir danken dem Rowohlt Verlag
für die freundliche Genehmigung,
aus den Werken Simone de Beauvoirs
zitieren zu dürfen.

Limitierte Sonderausgabe
Veröffentlicht im Fischer Taschenbuch Verlag GmbH,
Frankfurt am Main, Januar 1997

Die Originalausgabe erschien 1994 unter dem Titel
›Simone de Beauvoir. The Making of an Intellectual Woman‹
bei Blackwell Publishers, Cambridge, USA, und Oxford, England

Umschlaggestaltung: Groothuis + Malsy, Bremen
Umschlagabbildung: Gisèle Freund
Druck und Bindung: Clausen & Bosse, Leck
Printed in Germany
ISBN 3-596-13557-5

Gedruckt auf chlor- und säurefreiem Papier

Für Geir Arne

Inhalt

TEIL III

ANHANG

Editorische Notiz

Im Einverständnis mit der Autorin wurde die deutsche Ausgabe um das Kapitel 3 der englischen Originalausgabe – »Politics and the Intellectual Woman: Clichés and Commonplaces in the Reception of Simone de Beauvoir« – sowie im Anmerkungsteil gekürzt.

Es entfielen folgende Anmerkungen des Originals oder wurden gekürzt (*gk*; die Kapitelnummern beziehen sich ab Kap. 3 auf die deutsche Ausgabe, die Anmerkungsziffern auf die Numerierung in der englischen Ausgabe):

Einleitung: 1, 6, 8*gk*, 9*gk*, 11
Kap. 1: 1*gk*, 2, 5, 8–10, 12, 15*gk*
Kap. 2: 2*gk*, 6*gk*, 7*gk*, 8, 9, 11, 12, 16*gk*, 17, 18*gk*, 19*gk*, 21*gk*, 22, 25*gk*, 30*gk*, 31, 35*gk*, 41*gk*, 43
Kap. 3: 3*gk*, 4, 5, 7–10, 12, 13, 14*gk*, 19–21, 23, 24*gk*, 25–28, 33
Kap. 4: 1*gk*, 3–9, 11*gk*, 15, 18*gk*, 23*gk*, 24, 30
Kap. 5: 3–6, 9, 10, 13–24, 26–30, 31*gk*, 33, 38, 40, 44
Kap. 6: 1*gk*, 2, 6*gk*, 7*gk*, 9, 15*gk*, 17, 19, 20, 23, 25–30, 35*gk*, 41*gk*, 42–46, 48*gk*, 49–51
Kap. 7: 7, 8, 12–17, 19, 21, 22, 24–28, 30, 31*gk*, 32, 33, 40*gk*, 41*gk*, 42–45, 47, 48, 50, 53, 54, 56

Hinzugefügt wurden einige – als solche gekennzeichnete (*Anm. d. Ü.*) – Anmerkungen der Übersetzerin.

Danksagungen

Dieses Buch ist ein altes Projekt: In gewissem Sinne habe ich immer über Simone de Beauvoir schreiben wollen. Seit ich im Frühjahr 1988 ernsthaft an diesem Buch zu arbeiten begann, haben mir zahlreiche Menschen in Gesprächen und mit Ratschlägen geholfen. An erster Stelle möchte ich der Meltzer Foundation an der Universität Bergen und dem Norwegischen Forschungsrat für Geisteswissenschaften (NAVF) danken, die mich zweimal mit Reisekostenzuschüssen für meine Paris-Aufenthalte unterstützt haben. Die Maison des Sciences de l'Homme (MSH) in Paris stellte mich für die Zeit von April bis Juni 1988 und von März bis Juli 1991 als *directeur d'études associé* ein. Ich danke M. Clemens Heller und Mme. Elina Almasy für ihre unschätzbare Hilfe an der MSH. Auch die Norsk Faglitterær Forfatterforening (Norwegische Vereinigung der Fachbuchautoren) trug mit einem Reisekostenzuschuß zur Finanzierung meiner Paris-Aufenthalte bei. Die Universitätsbibliothek in Bergen half mir bei der Zusammenstellung der Ausgangsbibliographie. Danken möchte ich auch Mme. Liliane Phan vom Gallimard-Archiv sowie dem geduldigen Personal der Bibliothèque Marguerite Durand und der Bibliothèque Nationale in Paris. Der Sterling Memorial Library an der Yale University und der Perkins Library an der Duke University schulde ich ebenfalls Dank für vielfältige Hilfe.

Während meiner Arbeit am Manuskript dieses Buches habe ich von Simon Blackborn, Penny Boumelha, Malcolm Bowie, Peter Brooks, Dianne Chisholm, Elizabeth Fallaize, Stanley Fish, Abigail Solomon Godeau, Rakel Christina Granaas, Julia Hell, Dana Polan, Siân Reynolds, David Rodowick, Monique de Saint

Martin, Regina Schwartz, Martin Stone, Vigdis Songe-Møller, Kjell Soleim, Jennifer Wicke und Jane Winston besonders fundierte und kritische Ratschläge zu einzelnen Kapiteln oder Abschnitten bekommen. M. Maurice de Gandillac hat freundlicherweise meine Fragen zur École Normale Supérieure in den zwanziger Jahren beantwortet. Sarah Beckwith, Terry Eagleton, Diana Knight und Geir Arne Moi haben im Verlauf mehrerer Jahre das Manuskript weitgehend Stück für Stück gelesen: Ihnen möchte ich für ihren kritischen Sinn, ihre nachdrückliche Ermutigung und ihre immense Geduld danken. Im Frühjahr 1993 sparten Sara Danius, Stefan Jonsson und Eva Lundgren-Gothlin weder Zeit noch Mühe, um mir ausführliche Kommentare zum gesamten Manuskript zu liefern. Ihr aufmerksames Feedback bewahrte mich vor vielen Fehlern. Nathalie Duval hat nicht nur das gesamte Manuskript gelesen, sondern mir auch zahlreiche bibliographische Hinweise und aktuelle Informationen zur französischen Szene gegeben: Für ihre Hilfe bin ich zutiefst dankbar.

An der Duke University halfen mir meine wissenschaftlichen Assistentinnen und Assistenten bei der Organisation meiner Lehrveranstaltungen und ersparten mir so manchen Weg in die Bibliothek: Dafür danke ich Barbara Will, Deborah Chay, Jane Winston, Faith Smith und Jack Murnighan. Zu unterschiedlichen Zeiten haben meine Studentinnen und Studenten an den Universitäten Bergen, Yale und Duke meine Ansichten über Simone de Beauvoir über sich ergehen lassen müssen: Sie ließen mich deutlich klarer denken, als ich es ohne sie getan hätte. Ich habe an zu vielen Orten Vorträge über Beauvoir gehalten, als daß ich sie hier alle auflisten könnte. Im Hinblick auf meine Arbeit fühlte ich mich besonders von meinem Besuch der Concordia University in Montreal angeregt, wo ich auf dem Internationalen Frauentag im Mai 1989 über Beauvoir sprach. Meine Beauvoir-Seminare am Ormond College der Universität Melbourne im Mai 1990 brachten mich zu der Überzeugung, daß es immer noch viele Frauen und Männer auf der Welt gibt, die sich für Simone de Beauvoir und die Situation der intellektuellen Frau interessieren. Besonders herzlich möchte ich mich bei Jenna Mead, Marion Campbell und Hazel Rowley dafür bedanken, daß sie meinen Aufenthalt in Melbourne so freundlich gestalteten. Von 1990 bis 1992 hielt ich auf Einladung von Ralph Cohen am Commonwealth Center der University of Virginia eine, wie man meinen könnte, unangebracht hohe Zahl von Vorlesungen und Seminaren über Beauvoir. Libby Cohens Enthusiasmus ermutigte mich gerade zur rechten Zeit.

Einige Menschen haben mir auf unterschiedliche Weise geholfen. Michèle Le Doeuff beweist durch ihr herausragendes Beispiel, daß feministische Philosophie in Frankreich nach wie vor lebendig ist. Sie machte mich mit Mme. Hélène de Beauvoir bekannt, der ich für ihre Gastfreundschaft und die Bereitschaft danke, mir die unveröffentlichten Briefe ihrer Schwester zugänglich zu machen. Durch Michèle Le Doeff lernte ich auch Mme. Simone Martinet (geb. Keim) kennen, die in den dreißiger Jahren Studentin an der École Normale Supérieure in der Rue d'Ulm war. Mme. Martinet opferte viel Zeit und Kraft, um mir über ihre Erfahrungen an der École Normale Auskunft zu geben. Mme. Chantal Duval und Mlle. Claire Bazin besorgten mir im letzten Augenblick wichtige Literatur. Diane Elmeer und Julian D. Newman, die mir zum Schreiben ein Strandhaus zur Verfügung stellten, ermöglichten mir, im Mai 1992 dem harten Druck des Alltags zu entkommen: Kapitel 6 verdankt ihnen viel. Mein britischer Verleger Philip Carpenter hat dieses Buchprojekt konsequent unterstützt, auch wenn es so aussah, als ob es niemals vollendet werden würde.

Zwei Personen, die mein Projekt ganz unabhängig voneinander förderten, indem sie es ernst nahmen und mich darin bestärkten, in bezug auf Simone de Beauvoir meine eigene Stimme zu finden, fühle ich mich zu besonderem Dank verpflichtet. Julia Kristeva hat meine Arbeit jahrelang konsequent unterstützt. Ihre großzügigen und ungeheuer anregenden Kommentare zum vollendeten Manuskript haben mein Verständnis der dunkleren

Seite Simone de Beauvoirs vertieft. Ich bin überdies dankbar, in ihr eine so unabhängige und anregende intellektuelle Frau kennengelernt zu haben. Pierre Bourdieu hat frühe Fassungen der Kapitel 1, 2 und 4 gelesen: Seine raschen, bedachtsamen und ausführlichen Reaktionen waren eine immense Hilfe für mich. Seine Ratschläge, wo ich in Paris hingehen und wen ich kennenlernen müsse, machten meine Recherchen sehr viel ergiebiger, als sie es sonst gewesen wären.

Mehrere Abschnitte dieses Buches sind zuvor schon veröffentlicht worden. Ein kurzer Auszug einer früheren Fassung von Kapitel 1 und ein längerer Abschnitt aus Kapitel 2 erschienen unter dem Titel »Simone de Beauvoir: The Making of an Intellectual Woman« in *The Yale Journal of Criticism* 4, 1 (Herbst 1990), 1–23. Eine stark gekürzte Fassung von Kapitel 3 wurde als »L'Invitée: An Existentialist Melodrama« in *Paragraph* 14, 2 (Juli 1991), 151–169, veröffentlicht. Ein Auszug aus Kapitel 5 erschien als »Ambiguity and Alienation in *The Second Sex*« in *boundary* 19, 2 (Sommer 1992), 96–112. Eine leicht gekürzte Fassung von Kapitel 6 wurde unter dem Titel »Simone de Beauvoir's Utopia: *Politics in The Second Sex*« in *South Atlantic Quarterly* 92, 2 (Frühjahr 1993), 311–361, abgedruckt. In den Kapiteln 6 und 7 habe ich auch Material aus meiner Einleitung zu Simone de Beauvoir, *The Prime of Life* (New York [Paragon House] 1992) und aus meinen Einleitungen zu den Bänden 1 und 2 von Simone de Beauvoir, *Force of Circumstance* (New York [Paragon House] 1992) verwendet. Ich bedanke mich für die Erlaubnis zum Abdruck des hier aufgelisteten Materials.

Schließlich möchte ich meinen Eltern für ihren Glauben an ein Buch danken, das mich weniger häufig bei ihnen in Norwegen zu Gast sein ließ, als sie es gewünscht hätten. Dieses Buch ist Geir Arne Moi gewidmet. Seine Geduld, seine Standhaftigkeit und sein Mut sind beispielhaft: Keine Schwester könnte einen besseren Bruder haben.

Toril Moi

Abkürzungen

Seitenverweise auf häufig zitierte Werke Beauvoirs oder Sartres erscheinen im Text in Klammern mit den unten aufgelisteten Abkürzungen. Die benutzten Ausgaben sind im Anhang unter »Zitierte Werke« aufgeführt. Bei Texten von Beauvoir und aus Sartres *Das Sein und das Nichts* wird stets zuerst auf die deutsche Übersetzung und dann auf das französische Original verwiesen (die Seitenverweise auf die französische Ausgabe von *Das Sein und das Nichts* entsprechen den in der neuen deutschen Übersetzung von 1991 marginal gesetzten Seitenzahlen der Originalausgabe von 1943, d.Ü.). Um Platz zu sparen, wird bei solchen doppelten Verweisen auf die Abkürzung »S.« verzichtet. »ÜV« heißt »Übersetzung verändert«. Demgemäß bedeutet (BJ289; FA388; ÜV) »*In den besten Jahren*, S. 289; *La force de l'âge*, S. 388; Übersetzung verändert«. Verweise auf andere französische Texte beziehen sich *entweder* auf das französische Original – in solchen Fällen wurde aus dem Französischen übersetzt – *oder* auf die deutsche Ausgabe. Das Literaturverzeichnis enthält nur den jeweils relevanten Nachweis.

AA	*Alles in allem*
AG	*Das andere Geschlecht*
AM	*Alle Menschen sind sterblich*
BA	*Das Blut der anderen*
BJ	*In den besten Jahren*
CA	*La cérémonie des adieux*
DSa	*Le deuxième sexe,* Bd. 1
DSb	*Le deuxième sexe,* Bd. 2

EN	*L'être et le néant*
ES	*Ein sanfter Tod*
FA	*La force de l'âge*
FCa	*La force des choses,* Bd. 1
FCb	*La force des choses,* Bd. 2
I	*L'Invitée*
JG	*Journal de guerre*
KTB	*Kriegstagebuch*
LD	*Der Lauf der Dinge*
LMa	*Les Mandarins,* Bd. 1
LMb	*Les Mandarins,* Bd. 2
LSa	*Lettres à Sartre,* Bd. 1
LSb	*Lettres à Sartre,* Bd. 2
MA	*Pour une morale de l'ambiguïté*
MD	*Für eine Moral der Doppelsinnigkeit*
MJF	*Mémoires d'une jeune fille rangée*
MP	*Die Mandarins von Paris*
MT	*Memoiren einer Tochter aus gutem Hause*
SA	*Le sang des autres*
SK	*Sie kam und blieb*
SN	*Das Sein und das Nichts*
TCF	*Tout compte fait*
TH	*Tous les hommes sont mortels*
UM	*Une mort très douce*
ZA	*Zeremonie des Abschieds*

Einleitung

Inbegriff einer intellektuellen Frau

Simone de Beauvoir ist die intellektuelle Frau des 20. Jahrhunderts schlechthin. Was immer ihre bedeutenden Vorläuferinnen früherer Generationen – etwa Madame de Staël, George Sand, George Eliot und Virginia Woolf – voneinander unterschied, hatten sie doch eines gemeinsam: Sie alle waren von den entscheidenden Bildungsinstitutionen ihrer Zeit ausgeschlossen. Simone de Beauvoir dagegen gehörte der ersten Generation europäischer Frauen an, deren Ausbildung der der Männer entsprach. Auf ihrem Weg durch die kurz zuvor noch ausschließlich männlichen Institutionen akademischer Ausbildung hatte sie an der Universität wie in ihrem späteren Berufsleben stets mit Männern zu konkurrieren. In dieser Hinsicht kontrastiert ihre Laufbahn radikal zu den literarischen Karrieren ihrer berühmten älteren Schwestern. Simone de Beauvoir, eine Wegbereiterin in ihrer Zeit, war erst die neunte Frau in Frankreich, die das prestigeträchtige Examen der *agrégation* in Philosophie bestand, und, geschlechtsunabhängig, sogar die jüngste *agrégée*, die es in dieser Disziplin je gegeben hatte. Aufgrund der einzigartigen Chance, sich in einem Land und in einer Zeit, in der Intellektuelle als herausragende Mitglieder der Gesellschaft galten, voll und ganz zu einer Intellektuellen zu entwickeln, wurde Simone de Beauvoir gewissermaßen zu einer *ausgeprägteren* Intellektuellen als jede andere Frau ihrer Epoche. Gerade wegen dieser einzigartigen Position gewinnen Beauvoirs Erfahrungen an Intensität und Schärfe der Darstellung: In ihren Texten treten die Konflikte und Widersprüche, denen intellektuelle Frauen in einer patriarchalen Welt ausgesetzt sind, mit ungewöhnlicher Klarheit hervor.

Im Jahr 1908 geboren, gehört Beauvoir jener Generation intellektueller Frauen an, die in den zwanziger und dreißiger Jahren volljährig wurden, das heißt der Generation Hannah Arendts (1906–1975), Alva Myrdals (1902–1984), Åse Gruda Skards (1906–1985), Mary McCarthys (1912–1989) und Margaret Meads (1901–1978), um nur einige zu nennen. Zumindest in bezug auf ihre Ausbildung und ihre intellektuelle Laufbahn meinten diese Frauen, in einem egalitären System als Gleiche behandelt zu werden. Im großen und ganzen neigten sie dazu, sich der gesellschaftlichen Bedeutung ihrer Weiblichkeit nicht bewußt zu sein. Im Rückblick auf sich selbst als Dreiundzwanzigjährige, schreibt Beauvoir, »hielt ich mich nicht für eine ›Frau‹; ich war *ich*« (BJ57; FA73). Glücklicher als die wahren Wegbereiterinnen des frühen 20. Jahrhunderts (die in diesem Buch durch Léontine Zanta vertreten sind), gelang es einigen Frauen dieser Generation, spektakuläre, wenngleich etwas unorthodoxe Karrieren zu machen. Sie waren in der Tat das, was Pierre Bourdieu die *miraculées* – die wunderbaren Ausnahmen – der westlichen Bildungssysteme nennen würde. Im mittleren Alter jedoch zwang die Last ihrer Lebenserfahrung viele von ihnen zum Nachdenken über die Bedeutung des Frauseins in einer von Männern beherrschten Gesellschaft.[1] Wenn wir ihren Memoiren glauben sollen, erkannte Simone de Beauvoir erst 1946, daß die Rolle einer gebildeten Frau eben doch nicht der eines gebildeten Mannes entspricht. Und mit seltener moralischer und politischer Integrität stellte sie sich den Konsequenzen dieser Erkenntnis: Zu dem Zeitpunkt, als ihr klar wurde, daß sie eine intellektuelle *Frau* war, begann sie ihr Buch *Das andere Geschlecht* zu schreiben.

Die Situation Simone de Beauvoirs und anderer intellektueller Frauen ihrer Generation entsprach natürlich nicht der Situation gebildeter Frauen von heute: Bis zu einem gewissen Grade waren sie damals immer noch Pionierinnen, immer noch Angehörige einer kleinen Elite. Während sie selbst die Barrikaden männlicher intellektueller Privilegien nicht mehr stürmen mußten, gehörten sie oft zu jener ersten Handvoll Frauen, denen der Zugang zu den unlängst noch ausschließlich männlich beherrschten Hochschulen gewährt wurde. In den folgenden Jahrzehnten änderte sich die Situation der Frauen in der akademischen Ausbildung kaum. Universitäten und Colleges verzeichneten noch bis in die sechziger Jahre hinein kein massives Anwachsen der Zahl weiblicher Studenten. Durch den Kampf der Frauenbewegung in den Sechzigern und Siebzigern wurde den Frauen endlich der Zugang zu allen Ebenen und allen Arten der Ausbildung garantiert: Heute halten die Frauen der westlichen Welt ihr Recht auf eine Ausbildung und einen Beruf eigener Wahl für selbstverständlich.

Paradoxerweise hat jedoch ebendiese Tatsache zu einem neuen Gleichheitsmythos geführt: Ebenso wie die junge Simone de Beauvoir glauben heute viele Frauen, in ihren Schulen und Universitäten als Gleiche behandelt zu werden. Leider wird dies durch Statistiken nicht immer bestätigt. 1992 beispielsweise war es für Frauen, die an englischen Universitäten Examen machten, nur halb so wahrscheinlich, einen akademischen Grad mit der Bestnote zu erlangen wie für Männer. »Während 10,3 Prozent der Männer Bestnoten erhalten, sind es bei den Frauen nur 6,2 Prozent«, schreibt Katharine Viner im *Guardian*.[2] In den Vereinigten Staaten war es – trotz lautstarker Behauptungen des Gegenteils – bis 1990 Frauen nicht gelungen, akademische Institutionen ernsthaft zu erobern. »Der Anteil der Frauen, Feministinnen und anderer, am Lehrpersonal aller Undergraduate Colleges beträgt nur zehn Prozent (und an den Ivy League[3] Colleges lediglich drei bis vier Prozent)«, informiert uns Susan Faludi (S. 293). Im Januar 1993, berichtet die *New York Times*, »sind im ganzen Land nur 11,6 Prozent aller Ordinarien Frauen; am erfolgreichsten sind sie in Gemeinde-Colleges eingedrungen, wo die Bezahlung am niedrigsten ist« (DePalma, S. 11). Für 1990 belegen die Zahlen amerikanischer Statistiken, daß das Einkommen promovierter Frauen um 36 Prozent unter dem promovierter Männer liegt.[4] An norwegischen Universitäten, wo nur neun Prozent aller Ordinarien Frauen sind, ist die Situation kaum besser.

Auch in den neunziger Jahren müssen Frauen, die eine intellektuelle Laufbahn anstreben, noch immer mit persönlichen, gesellschaftlichen und ideologischen Hindernissen rechnen, die normalerweise aufstrebenden männlichen Intellektuellen nicht in den Weg gelegt werden. Aus diesem Grunde bin ich davon überzeugt, daß wir von Simone de Beauvoir – positiv wie negativ – nach wie vor viel zu lernen haben. Intellektuelle Frauen können es sich heute nicht leisten, ihre Erfahrungen zu ignorieren. In diesem Kontext meine ich mit »intellektuelle Frau« jede Frau, die sich als denkender Mensch jemals ernst genommen hat, besonders in bezug auf ihre Bildung. Unabhängig davon, ob sie ihre intellektuellen Interessen zu einem Beruf machen, wissen solche Frauen, was es bedeutet, Freude am Denken zu haben. In der Regel wissen sie auch, daß überaus wirksame Stränge patriarchaler Ideologie behaupten, derartige Freuden seien nicht für sie bestimmt: Eine Frau braucht keinen Dr. phil. zu haben, um befürchten zu müssen, daß ihr reges Interesse an geistigen Themen sie zum »Blaustrumpf« oder zur »vertrockneten Paukerin« stempelt. Es ist auch keineswegs ungewöhnlich, daß intellektuelle Frauen zeitweilig Schwierigkeiten mit ihren Müttern haben oder das entwickeln, was Michèle Le Doeuff als »erotisch-theoretische Übertragungs-Beziehungen« mit männlichen Intellektuellen bezeichnet[5]. In dieser und mancher anderen Hinsicht sind Simone de Beauvoirs Erfahrungen alles andere als einzigartig.

Ich beschäftige mich jedoch mit Simone de Beauvoir nicht nur, weil sie eine emblematische intellektuelle Frau ist. Gerade weil sie in bezug auf die geistigen Diskurse ihrer Zeit eine außergewöhnliche Position einnahm, wurde sie auch zur bedeutendsten feministischen Theoretikerin unseres Jahrhunderts. Lange vor dem Auftreten der Frauenbewegung thematisierte *Das andere Geschlecht* jedes einzelne der Probleme, die Feministinnen heute immer noch zu lösen versuchen. Das Buch veränderte buchstäblich das Leben Tausender von Frauen: Ich wüßte nicht, daß ein anderes Werk im 20. Jahrhundert vergleichbare Wirkungen gehabt hätte. Historisch gesehen erinnern mich die Rezeption und die Wirkungen des *Anderen Geschlechts* an die Reaktionen auf Harriet Beecher-Stowes *Onkel Toms Hütte* oder vielleicht, in einer anderen Tonlage, an Samuel Richardsons *Clarissa*. Über Simone de Beauvoir zu schreiben, ohne *Das Andere Geschlecht* ernst zu nehmen, heißt ihr die Anerkennung als Philosophin, als Feministin und als Intellektuelle zu verweigern.

Simone de Beauvoir: ein Textkorpus

Wenn ich betone, daß mich Simone de Beauvoir als intellektuelle Frau interessiert, könnte man meinen, es gehe mir vor allem um die biographische Seite. Meine Arbeit geht jedoch von der Voraussetzung aus, daß es keinen *methodologischen* Unterschied zwischen »Leben« und »Text« geben kann. Es ist mir immer wieder aufgefallen, daß Freud in seiner *Traumdeutung* nicht imstande zu sein scheint, zwischen Psyche und Text zu unterscheiden: Wenn er uns eine Theorie der Interpretation vorlegt, liefert er uns zugleich eine Karte der menschlichen Seele. Einen Traum zu interpretieren bedeutet, gleichzeitig den Text und die Person zu interpretieren, nicht weil die »Bedeutung« des Textes die Person ist (das wäre die verkürzte Version der Erkenntnisse Freuds), sondern weil sich für Freud die Person nur in Form eines Textes offenbart: Für alle praktischen Zwecke *ist* der Freudsche Patient ein Text. Im Fall Simone de Beauvoirs, deren autobiographische Bücher und deren Briefe sich allein auf über eine Million Worte summieren, ist Freuds Entdeckung besonders zweckdienlich. Das intertextuelle Netzwerk erzählender, philosophischer, autobiographischer und brieflicher Texte, die sie uns hinterlassen hat, *ist* unsere Simone de Beauvoir. Darüber hinaus besitzen wir eine Fülle von Texten über sie: Briefe, Tagebücher, Zeitungsinterviews, Rezensionen, wissenschaftliche Untersuchungen, Filme, Biographien, persönliche Erinnerungen von Freunden und Gegnern: Sie alle tragen zum Entstehen eines Netzwerks von Bildern und Vorstellungen bei, die wir als »Simone de Beauvoir« erkennen und die zweifellos unsere Wahrnehmung ihrer Texte »an sich« bedingen.

Wenn es um Biographie und Literaturkritik geht, schließt die Unterscheidung zwischen Leben und Text in der Regel ein explizites oder implizites Werturteil ein: Biographen halten das Leben häufig für »realer« oder »wahrer« als den Text; viele Literaturkritiker neigen dazu, den Text als einen rein ästhetischen Gegenstand zu betrachten, der von dem Schmutz, den wir das Leben zu nennen pflegen, nur besudelt werden kann. Im Fall Simone de Beauvoirs ist es jedoch besonders wichtig, sich vor solchen Postulaten zu hüten. In ihrem ersten Roman, *L'Invitée* (1943; dt. *Sie kam und blieb*)[6], widmet sie ein ganzes Kapitel einer Verführungsszene, in der ihre Heldin Françoise und ein junger Mann namens Gerbert agieren. In einem späten Interview behauptet Beauvoir, daß ebendiese Szene die wahrheitsgetreue Wiedergabe einer realen Begebenheit sei, nämlich der Verführung des jungen Jacques-Laurent Bost durch sie selbst. Während ihre Autobiographie dieses Ereignis überhaupt nicht erwähnt, beschreiben ihre postum veröffentlichten Briefe an Sartre die Szene in einer Fülle von Details; einige Sätze, die zuerst in den Briefen benutzt werden, tauchen wortwörtlich im veröffentlichten Roman wieder auf. Daraus ließe sich leicht schließen, daß, alles in allem, die Briefe die »reale« Version der Ereignisse enthalten müssen. Die in den Briefen geschilderte emotionale Wirkung erweist sich jedoch als völlig unvereinbar mit der Wirkung, die dieselben Ereignisse im Roman prägen.

Überdies bestehen zwischen der Verführungsszene im Roman und einer Flirtszene, die Sartre in *Das Sein und das Nichts* (1943) beschreibt, enge intertextuelle Beziehungen. Scheinbar »allgemeine« theoretische Passagen in *Das andere Geschlecht* (1949) enthalten ebenfalls kaum verhüllte Interpretationen der Verführungsszene in *L'Invitée*. Es muß auch gesagt werden, daß der Roman ein weit überzeugenderes – weil weit komplexeres – Verständnis der Ereignisse offenbart als jeder einzelne der einschlägigen sogenannten nicht-literarischen Texte. Unter solchen Umständen würde es als absurd erscheinen, einfach zu behaupten, der einzige relevante »Text« sei der des Romans, oder andererseits den »dokumentarischen« Texten (Briefen, Tagebüchern, Interviews) im Gegensatz zu den »literarischen« höheren biographischen Wert beizumessen. Deutlich überlappen sich hier das Problem der Subjektivität (Beauvoir als sprechendes Subjekt wahrgenommen) und das Problem der Textualität (Beauvoir als Textkorpus wahrgenommen) vollständig.

Wenn man »Leben« untersucht, als bestehe es aus einer Anzahl verschiedener Texte, folgt daraus, daß literarische oder philosophische Texte nicht auf biographische Ereignisse reduziert werden können. Fast alle Arten von Texten (Gespräche, philosophische Abhandlungen, Klatsch, Romane, Bildungsinstitutionen) werde ich als Elemente betrachten, die demselben diskursiven Netzwerk angehören. Es geht nicht darum, einen Text als die implizite Bedeutung eines anderen zu behandeln, sondern vielmehr darum, sie alle mit- und gegeneinander zu lesen, um die Elemente der Spannung, der Widersprüche und Ähnlichkeiten zu enthüllen. Nichts hat unserem Verständnis Simone de Beauvoirs mehr geschadet als die weitschweifigen – und oft überaus böswilligen – Bemühungen, ihre Leistungen auf bloße Wirkungen ihrer persönlichen Lebensumstände zu reduzieren. Im Licht solcher Attacken schätze ich natürlich die moralische Integrität einer »rein ästhetischen« Betrachtung ihres Werks um so mehr. Dennoch muß gesagt werden, daß die meisten dieser Interpretationen die wahre kulturelle Bedeutung Simone de Beauvoirs übersehen, weil sie dazu neigen, sie lediglich als Autorin von *literarischen* Texten zu betrachten. Obwohl ich *L'Invitée* und *Die Mandarins von Paris* sehr hochschätze, ist es für mich ganz offensichtlich, daß Simone de Beauvoir, wäre sie ausschließlich Romanschriftstellerin gewesen, nicht zu einer mythischen Gestalt, zu einer Imago geworden wäre, deren Präsenz sich seit den frühen fünfziger Jahren in den Gedanken und Träumen jeder intellektuellen Frau der westlichen Welt bemerkbar machte. Ihr Leben als bahnbrechende Intellektuelle im Frankreich der Jahrhundertmitte wie ihre berühmte Beziehung zu Sartre sind Bestandteile des Textes, den wir als »Simone de Beauvoir« kennen.

Deshalb ist es der traditionellen Biographik in der Tat eher gelungen, einiges von der Bedeutung Beauvoirs für unser Jahrhundert einzufangen, als der Literaturkritik. Dennoch nimmt keine der bislang veröffentlichten Biographien (von Claude Francis und Fernande Gonthier, Deirdre Bair, Margaret Crosland) ihr schriftstellerisches Werk richtig ernst: Zwar unterbrechen ihre Biographinnen pflichtgemäß die Schilderungen von Liebesaffären, um einen raschen Blick auf einzelne Texte zu werfen, doch gelingt es ihnen nicht, die Kraft und die Komplexität ihrer bedeutendsten Publikationen zu erfassen. Es ist durchaus verständlich, wenn man bei der Lektüre dieser Biographien zu dem Schluß kommt, die Bedeutung Simone de Beauvoirs sei weitgehend auf ihre relativ unkonventionellen Beziehungen zu Sartre und anderen Liebhabern zurückzuführen. Aber wenn sie nicht eine der ersten weiblichen *agrégées* der Philosophie in Frankreich und überdies die Autorin des *Anderen Geschlechts* sowie einer Reihe berühmter Romane und Memoirenwerke gewesen wäre, hätte ihr Privatleben kaum zu dem Stoff werden können, aus dem Mythen entstehen. Nur die gründliche Lektüre der Texte ihrer französischen *agrégation* in Philosophie, des *Anderen Geschlechts* und einiger weiterer Werke kann uns überhaupt ein Verständnis dafür vermitteln, warum dies so ist.

Persönliche Genealogie

Ich habe lange gezögert, dieses Buch *Simone de Beauvoir: The Making of an Intellectual Woman* zu nennen. »Das klingt nach einer kritischen Biographie«, sagten meine Freunde. Da ich niemals die Absicht hatte, Simone de Beauvoirs Lebensgeschichte zu schreiben, erschienen mir ihre Einwände berechtigt: Zweifellos mußte ein anderer Titel gefunden werden. Dennoch ging mir der verworfene Titel nicht aus dem Kopf: Obwohl ich nicht an einer Biographie arbeitete, konnte ich mich von der Überzeugung nicht lösen, daß mein Thema ganz eindeutig das (Gemacht-)*Werden* Simone de Beauvoirs zu einer intellektuellen Frau war – und das in mehr als einer Beziehung. Vor allem schreibe ich buchstäblich über ihren Werdegang als Intellektuelle: indem ich ihre Ausbildung, das heißt die institutionellen Strukturen untersuche, die sie im ersten Drittel dieses Jahrhunderts als Philosophin und Intellektuelle geformt haben.

Gleichermaßen befasse ich mich mit dem Werdegang Simone de Beauvoirs als herausragende Intellektuelle des 20. Jahrhunderts in dem Sinne, daß ich sowohl diejenigen ihrer Werke, die sie »gemacht« haben, als auch jene untersuche, in denen sie berichtet, wie sie »es geschafft« hat. Meiner Meinung nach war Simone de Beauvoir bis zum Ende des Jahres 1949, dem Jahr, in dem sie *Das andere Geschlecht* veröffentlichte, wirklich und endgültig Simone de Beauvoir geworden: Persönlich und beruflich war sie »gemacht«. Ihr weiteres Leben fügt dem bis zu diesem Zeitpunkt entwickelten Repertoire von Themen und Obsessionen nur wenig hinzu: Man ist versucht zu sagen, daß *alle* Haupttexte Beauvoirs unweigerlich auf die Zeit vor 1950 rekurrieren. Der Roman *Die Mandarins von Paris* beispielsweise, 1954 veröffentlicht, stellt ihren ersten Versuch dar, in die Vergangenheit zurückzukehren, in diesem Fall zur politischen Entwicklung in Frankreich von August 1944 (der Befreiung) bis zum Sommer 1947 (dem Beginn des kalten Krieges) und zu ihrer eigenen Erfahrung von Leidenschaft und Sehnsucht in der Beziehung zu Nelson Algren, die von 1947 bis 1950 dauerte. Abgesehen von zwei relativ schmalen erzählenden Bänden aus den sechziger Jahren, *Die Welt der schönen Bilder* und *Eine gebrochene Frau*, sowie der Untersuchung von 1970 *Das Alter* schrieb Beauvoir nach 1954 fast nur Autobiographisches – das heißt, das Schreiben wandte sich der Vergangenheit zu: Der weitaus größte Teil ihrer Memoiren befaßt sich mit der Zeit vor 1950. Obwohl ich das Gesamtwerk Beauvoirs in meine Untersuchung einbeziehe, konzentriert sich mein textliches Interesse auf *L'Invitée*, *Das andere Geschlecht* und ihre Memoiren. Natürlich habe ich mir die Freiheit genommen, mich auch mit der Zeit *nach* 1950 zu befassen – namentlich in meiner Interpretation von *Der Lauf der Dinge* –, wann immer ich fand, daß dies mein Verständnis eines Problems oder eines Themas vertiefen würde.

Schließlich spreche ich vom »(Gemacht-)Werden« Simone de Beauvoirs zu einer intellektuellen Frau in einem allgemeineren Sinn. Mit diesem Begriff will ich den Gedanken des Hervorgebracht- oder Aufgebautwerdens akzentuieren, um auf diese Weise zu verdeutlichen, daß »Simone de Beauvoir« für mich das außergewöhnlich komplexe Ergebnis eines Netzwerks verschiedener Diskurse oder Determinanten ist. Deshalb läßt sich dieses Buch nicht auf die traditionellen Kategorien der Biographie oder der Literaturkritik einengen. Obwohl die folgenden Seiten viel Biographisches und sogar noch mehr Textanalyse bieten, schließt meine Darstellung auch kultursoziologische, philosophische und psychoanalytische Untersuchungen sowie feministische Theorie mit ein. Wie also soll ich mein Thema definieren? Da es keinen passenden traditionellen Begriff gibt, habe ich mich entschlossen, dieses Buch als *persönliche Genealogie* zu bezeichnen.[7]

Persönliche Genealogie ist also nicht Biographie. Der Unterschied läßt sich am besten erklären, wenn ich sage, daß sich persönliche Genealogie zu Biographie verhält wie Genealogie zu traditioneller Geschichtsschreibung bei Michel Foucault. Wie herkömmliche Geschichtsschreibung ist Biographie narrativ und linear, argumentiert in Begriffen von Ursprung und Finalität und versucht, eine eigenständige Identität sichtbar zu machen. Genealogie dagegen will ein Bewußtsein für Hervorgehen oder Hervorgebrachtwerden wecken und das komplexe Zusammenspiel verschiedener Arten von Macht verdeutlichen, die in gesellschaftlichen Phänomenen enthalten sind. Persönliche Genealogie lehnt den Begriff des »Ich« oder des Subjekts nicht ab, sondern versucht vielmehr, ebendieses Ich der genealogischen Untersuchung zu unterziehen.

Persönliche Genealogie geht davon aus, daß jedes Phänomen als ein Text gelesen werden kann, das heißt als ein komplexes Netzwerk bedeutungtragender Strukturen. In diesem Zusammenhang ist der Begriff der *Überdeterminierung* entscheidend. Als Freud in seiner *Traumdeutung* detailliert darlegte, daß die menschliche Psyche ein gespaltenes, widersprüchliches und dynamisches Phänomen ist, benutzte er diesen Begriff, um die Komplexitäten der Psyche zu erklären. Textualität als überdeterminierten Prozeß aufzufassen, heißt: Bedeutung entsteht als instabiler Kompromiß zwischen den Zwängen, die von einer Fülle von Faktoren ausgehen. Stellen wir uns diese Faktoren (»Determinanten«, »Diskurse«, »Meinungen«, »Strukturen« etc.) als entsprechende Stränge im Textgewebe vor.[8] Das Interpretieren eines überdeterminierten Textelements heißt also, auf die potentielle Pluralität der Bedeutung hinzuweisen und zu zeigen, daß es seine Bedeutungen aus mehr als einem Textstrang bezieht. Dieses Vorgehen hat nichts Abwertendes. Wenn ich feststelle, daß ein bestimmter logischer blinder Fleck in Beauvoirs philosophischen Schriften seine Existenz beispielsweise gesellschaftlichen oder psychischen Faktoren verdankt, will ich damit nicht sagen, daß das betreffende Textelement nicht mehr *als Philosophie* zu lesen sei, sondern daß wir uns dieses Textmoment als einen Bereich vorstellen müssen, in dem der Strang (»Diskurs«, »Gattung« etc.) der Philosophie mit dem der Psychologie und – sagen wir – dem Strang des damaligen französischen intellektuellen Feldes kollidiert. Als Beispiel könnte meine Interpretation der Idealisierung von Männern und Männlichkeit in *Das andere Geschlecht* dienen. Für mich ist diese Idealisierung – die in krassem Widerspruch zu Beauvoirs Beweisführung in bezug auf die Unterdrückung der Frau steht – die überdeterminierte Wirkung einer bestimmten metaphorischen Logik, ihrer Beziehung zu Sartre, ihrer Position als *agrégée* der Philosophie und des Verhältnisses zu ihrer Mutter. In ebendiesem Textmoment, meine ich, ist der Einfluß des Konflikts, der von den verschiedenen Strängen ihres Textgewebes erzeugt wird, so stark, daß er den philosophischen Diskurs zerstört, den zu beherrschen doch Beauvoirs ganzer Stolz ist.

Der »persönlichen Genealogin« ist also nicht daran gelegen, den Einfluß oder die Macht irgendeines einzelnen Textstrangs zu leugnen; aber insofern sie Texte für überdeterminierte Phänomene hält, fühlt sie sich nicht verpflichtet, die Illusion generischer Reinheit zu bewahren, das heißt, die Einflüsse eines und nur dieses einen Strangs im Textgewebe zu erfassen. Oder um es in eher psychoanalytischen Begriffen zu fassen: Es überrascht die »persönliche Genealogin« keineswegs, zu entdecken, daß jeder Diskurs (einschließlich ihres eigenen) von den Geistern des individuellen und gesellschaftlichen Unbewußten heimgesucht wird.

Da das textuelle Netzwerk, das mit dem genealogischen Projekt erforscht wird, kein sichtbares Ende hat, kann das Projekt niemals zu einer letzten Vollständigkeit der Erkenntnis führen: Die Arbeit der Genealogin hat kein Ende. Genealogie ähnelt in der Tat der Haushaltsarbeit: Wie die Hausfrau unterbricht die Genealogin ihre Arbeit aus ganz pragmatischen Gründen – der Boden ist sauber genug, statt dessen muß mit dem Kochen angefangen werden; es ist zu spät, und man ist zu müde, um weiterzumachen. Am nächsten Tag muß wieder gekocht, wieder staubgewischt, wieder geputzt werden; gelegentlich ist nichts weniger als ein kompletter Neuanstrich fällig. Aus diesem Grunde habe ich zu diesem Buch auch keinen konventionellen Schluß geschrieben: Meine »Simone de Beauvoir« bleibt ein offener Text.

Drei Textmomente

Dieses Buch ist als genealogische Untersuchung dreier Textmomente im Werk Beauvoirs gegliedert. Teil I erwuchs aus der Faszination, die die Szene in den *Memoiren einer Tochter aus gutem Hause* (1958) in mir auslöste, in der Simone de Beauvoir und Jean-Paul Sartre sich im Jardin du Luxembourg unweit des Medicibrunnens hinsetzen, um *Simones* philosophische Ideen zu diskutieren. Nach drei Stunden gab sie sich geschlagen: »Ich bin mir dessen, was ich denke, nicht mehr sicher, ja, nicht einmal mehr sicher, überhaupt zu denken«, schrieb sie in ihr Tagebuch (MT330; MJF480). Als ich über die Implikationen dieses Gesprächs nachzudenken begann, wurde mir bald klar, daß ich, um sie zu verstehen, Beauvoirs und Sartres Bildungsweg in allen Einzelheiten sorgfältig untersuchen mußte. Denn ihre Diskussion findet im Juli 1929 während der Vorbereitung auf die mündliche Prüfung der *agrégation* in Philosophie statt. Was bedeutet es 1929 für eine Frau in Frankreich, sich auf dieses Examen vorzubereiten? Diskutieren Beauvoir und Sartre in diesem Kontext wirklich als Gleiche? Ist es von Bedeutung, daß er auf der elitären École Normale Supérieure war und sie nicht? Daß er drei Jahre älter war? Und wie verstand man im Frankreich der Jahrhundertmitte das schriftstellerische Werk einer hochgebildeten intellektuellen Frau?

Ausgangspunkt von Kapitel 1 ist das entscheidende Gespräch im Jardin du Luxembourg. Indem ich es im Kontext der *Memoiren einer Tochter aus gutem Hause* interpretiere, versuche ich Beauvoirs Darstellung ihrer selbst als Intellektuelle auf den Grund zu gehen. Kapitel 2 mag man als einen Versuch betrachten, ein wichtiges, aber – jedenfalls für mich – höchst verwirrendes Ereignis zu erforschen: die Tatsache, daß 1929 Sartre als erster und Beauvoir als zweite aus der Ausleseprüfung der *agrégation* in Philosophie hervorging. Was bedeutet das? Inwiefern beeinflußt das ihre Position als intellektuelle Frau? In welcher Weise wirkt es sich auf ihre schriftstellerische Arbeit aus? Und warum wird ihr literarisches Werk, das sie in dieser Position verfaßt, von den Geschmacksrichtern in Frankreich so scharf verurteilt? Der erste Teil dieses Buches erforscht also unter verschiedenen Ansatzpunkten Simone de Beauvoirs Sprechposition, wie sie von ihr selbst und anderen dargestellt wird.

In Teil II (Kapitel 3 – 6) wende ich mich den Texten zu, die Beauvoir aus dieser Position heraus geschrieben hat. Das zentrale Textmoment, das ich bei meiner Interpretation von *L'Invitée* und *Das andere Geschlecht* zu verstehen versuche, ist Beauvoirs Bericht darüber, wie sie 1946 nach einem Gespräch mit Sartre endlich erkannte, daß als Frau geboren zu werden nicht das gleiche ist, wie als Mann geboren zu werden. »Mein Interesse war so groß«, schreibt sie, »daß ich den Plan einer persönlichen Beichte fallenließ, um mich mit der Lage der Frau im allgemeinen zu befassen« (LD98; FCa136). In diesem Augenblick entstand der Plan, *Das andere Geschlecht* zu schreiben. Die Frage, von der alle Kapitel dieses Teils leben, ist sehr einfach: Was also *bedeutete* es für Beauvoir, eine Frau zu sein? Oder um es etwas präziser auszudrücken: Wie stellt Simone de Beauvoir die Konflikte und Widersprüche einer intellektuellen Frau im Frankreich der Jahrhundertmitte dar?

In Kapitel 3 analysiere ich *L'Invitée* besonders in bezug auf die Darstellung der Liebe und des Identitätsbewußtseins der intellektuellen Frau. Um dies zu erreichen, ist es natürlich unabdingbar, Beauvoirs eigenes philosophisches System ernst zu nehmen: Meine Interpretation versucht sowohl die philosophischen als auch die psychologischen Implikationen ihres ersten Romans zu erforschen. Kapitel 4 wirft die Frage der rituellen Vergleiche Beauvoirs mit Sartre auf. Anhand der berühmten Flirtszene in

Sartres *Das Sein und das Nichts* und der Verführungsszene in *L'Invitée* versuche ich die Unterschiede in beider Auffassungen der Situation der Frau aufzudecken. Mein besonderes Interesse gilt überdies der komplexen Beziehung zwischen dem persönlichen und dem philosophischen Diskurs in diesen Texten. Dem *Anderen Geschlecht* nähere ich mich zunächst (Kapitel 5) in der Weise, daß ich es als ein Werk feministischer Philosophie lese, wobei ich mich besonders auf seine rhetorischen Strategien, seine Thesen zur weiblichen Subjektivität im Patriarchat und seine problematische Darstellung weiblicher und männlicher Sexualität konzentriere. In Kapitel 6 behandele ich die Politik[9] des epochalen Beauvoirschen Essays, indem ich die feministischen Reaktionen auf den Text untersuche, die historischen Bedingungen, unter denen das Werk entstanden ist, seine Darstellung der Situation der Frauen im damaligen Frankreich, seine Analyse der Voraussetzungen für die Frauenbefreiung sowie seine Bezüge zu Sartres und Fanons Theorien über die Befreiung der Schwarzen, die etwa gleichzeitig veröffentlicht wurden.

Teil III besteht aus nur einem Kapitel, das sich mit Beauvoirs Autobiographien und Tagebüchern befaßt und die Texte untersucht, in denen sich Beauvoir über sich selbst als Intellektuelle und als Schriftstellerin äußert. Das Textmoment, das mich durch dieses ganze Kapitel verfolgt, ist das Ende von *Der Lauf der Dinge*, wo sie im Alter von 54 Jahren ihren Gefühlen der Traurigkeit, Leere und Enttäuschung freien Lauf läßt: »Ich habe die Fähigkeit verloren, das Licht von der Finsternis zu scheiden, mir zum Preis einiger Wirbelstürme einen strahlenden Himmel zu sichern […]. Der Tod ist nicht mehr ein brutales Abenteuer in weiter Ferne, er verfolgt mich in den Schlaf hinein. Beim Erwachen spüre ich seinen Schatten zwischen der Welt und mir. Das Sterben hat schon begonnen« (LD621; FCb507). Warum ist Simone de Beauvoir so deprimiert? Um diese Frage zu beantworten, mußte ich die psychologischen Strukturen in Beauvoirs autobiographischen Schriften enträtseln, die sich mir durch die intensive Lektüre ihrer Berichte über die berühmten »Pakte« mit Sartre, ihre »Schizophrenie« und ihre Beziehungen zu anderen Frauen erschlossen. Ich versuche aber auch zu zeigen, wie Beauvoirs melancholische Stimmungen sogar die Struktur ihres Werks beeinflussen und zu bemerkenswerten Schwankungen in Ton und Stil führen. Dieses Kapitel stellt also einen Versuch dar, zu begreifen, was es für Simone de Beauvoir bedeutete, Schriftstellerin zu sein. Mein kurzes Nachwort kehrt noch einmal zum Problem Liebe und die intellektuelle Frau zurück: Warum eigentlich reagieren so viele Menschen zutiefst enttäuscht auf die Entdeckung, daß Beauvoir mit Sartre also doch kein vollkommen glückliches Leben führte?

Sprechen über Beauvoir: Die geographischen Voraussetzungen

In der einen oder anderen Weise beschäftigt sich mein Buch vor allem mit Beauvoirs persönlicher Situation. Gelegentlich bezeichne ich das als ihre Sprechposition und behaupte, daß sie ihre Texte entscheidend beeinflußt hat. »Und was ist mit *deiner* Sprechposition?« fragten meine Freunde gelegentlich. »Sagst du nicht auch etwas über dich selbst?« Meine Antwort lautete stets »nein«. Wie andere intellektuelle Frauen erkenne ich mich in manchen, aber keineswegs in allen Erfahrungen Beauvoirs wieder: Daran ist nichts Ungewöhnliches. Im Unterschied zu Simone de Beauvoir bin ich auch keine emblematisch intellektuelle Frau unseres Jahrhunderts. Als Intellektuelle bin ich deshalb nicht von allgemeinem Interesse.

In meiner persönlichen Vita gibt es allerdings ein paar generalisierbare Faktoren, die helfen können, mein Interesse an Beauvoir zu erklären. Da ist erstens meine politische Übereinstimmung mit der Richtung des materialistischen Feminismus zu nennen, den sie vertritt; zweitens mein Bedürfnis, über meine Identität als intellektuelle Frau nachzudenken; zum dritten die

Tatsache, daß meine Sozialisation mir niemals die hohen bürgerlichen Geschmacksnormen aufgezwungen hat, die dazu beitragen, Beauvoir für viele ungenießbar zu machen; und viertens die geographischen Voraussetzungen: der Umstand, daß ich in der Zeit, als ich zum erstenmal über diesen Buchplan nachdachte, in Norwegen, England und Amerika gelebt und gearbeitet habe – aber nicht in Frankreich. Meine relative kulturelle und geographische Ferne zur geistigen Tradition Frankreichs hat meine Arbeit über Beauvoir eindeutig erschwert, mich paradoxerweise aber auch intellektuell ermutigt, sie überhaupt in Angriff zu nehmen. Meine Lehrtätigkeit in Skandinavien und mehreren englischsprachigen Ländern hat mich in meiner Überzeugung bestärkt, daß das Thema dieses Buches eine besondere intellektuelle Herausforderung darstellt. In meiner Welt also ist es durchaus möglich, über Simone de Beauvoir zu schreiben, ohne sich wie ein intellektueller Paria vorzukommen.

In Frankreich zu leben und zu arbeiten heißt dagegen, sich einem geistigen Milieu auszusetzen, in dem für die meisten Simone de Beauvoirs Mangel an intellektueller und literarischer Distinktion ein fundamentaler Glaubenssatz ist. Dieselben Intellektuellen, die das Recht jedes Bürgers auf freie Meinungsäußerung leidenschaftlich verteidigen, sind oft nur allzu versessen darauf, einen daran zu hindern, über Beauvoir auch nur zu sprechen. Als ich einmal auf einer Konferenz über den offenkundigen geistigen Hochmut sprach, mit dem man Beauvoir in Frankreich begegnet, lautete der einzige Kommentar eines prominenteren französischen Intellektuellen unter den Anwesenden: »Wissen Sie, Simone de Beauvoir war nicht nur dumm [*bête*], sondern obendrein bösartig [*méchante*].« Das strahlende Lächeln, das er dabei aufsetzte, verriet aufs eindrücklichste seinen unerschütterlichen Glauben an die eigene Legitimität: Für ihn gab es gar keinen Zweifel an seinem Recht – und an seiner Macht –, darüber zu entscheiden, was in der Welt der Intellektuellen als interessant zu gelten hat.

Etlichen jüngst erschienenen französischen Büchern über Intellektuelle von der Dreyfus-Affäre bis in die Gegenwart gelingt es, nicht eine einzige Frau zu erwähnen. Die patriarchale Arroganz solcher Unternehmungen wird noch durch den Umstand gesteigert, daß ebendiese Bücher selbst höchst obskure männliche Denker berücksichtigen. Wie Monique de Saint Martin festgestellt hat, erwähnt beispielsweise eine Untersuchung über französische Intellektuelle in der Zeit von 1880 bis 1900 nicht eine einzige Frau. Ihre eigene kursorische Überprüfung des leicht zugänglichen Materials ergab jedoch sogleich die Namen von *778* in diesem Zeitraum schreibenden Frauen.[10] In diesem Zusammenhang ist es auch interessant, festzustellen, daß die prominente Bibliothèque de la Pléiade Ausgaben eher unbedeutender männlicher Schriftsteller wie Julien Gracq und Julien Green (ganz zu schweigen von Alexandre Dumas oder dem unsäglichen Henry de Montherlant) veröffentlicht hat, aber nicht eine einzige Edition von Beauvoir. Wenn es um Schriftstellerinnen des 20. Jahrhunderts geht, traut man sich allenfalls Colette und Marguerite Yourcenar zu (immerhin ist auch eine Ausgabe von Nathalie Sarraute in Vorbereitung), aber mehr nicht. Die Erkenntnis, daß hier die bedeutendste feministische Untersuchung unseres Jahrhunderts geringer eingeschätzt wird als Werke wie *Moira*, *Erbarmen mit den Frauen* oder *Die drei Musketiere*, öffnet einem wahrhaft die Augen.

Es geht mir wohlverstanden nicht darum, daß Simone de Beauvoir um jeden Preis in die Bibliothèque de la Pléiade aufgenommen werden sollte – die Verstaubtheit dieser Institution macht sie mir ohnehin nicht sonderlich sympathisch. Nein, die Bibliothèque de la Pléiade ist lediglich ein Symptom für eine allgemeinere Situation: die Tatsache, daß in Frankreich junge Frauen (und Männer) sich gewissermaßen beschränkt – das heißt *unintellektuell* – vorkommen müssen, wenn sie ein deutliches Interesse an Simone de Beauvoir zeigen. Außerdem bringen solche geistigen Einschüchterungen nicht nur die seriöse Diskussion über Beauvoir zum Schweigen, sondern verhindern auch, daß andere, von vornherein marginalisierte Stimmen gehört werden. Wie meine Analyse des kulturellen Feldes in Frankreich zeigt, wäre es mir gewiß schwergefallen, mein Buch auf dem linken Seine-Ufer zu schreiben: Die Kiefern von North Carolina waren da in mehr als einer Hinsicht ein Segen für mich.

TEIL I

1 *Nur nach Sartre die zweite*

Simone de Beauvoir, Schriftstellerin,
Schülerin Sartres
Le petit Larousse, 1974

Ein Gespräch im Jardin du Luxembourg

Für heutige intellektuelle Frauen sind einige Entscheidungen Simone de Beauvoirs, gelinde gesagt, problematisch. Warum zum Beispiel erklärt sie bei jeder sich bietenden Gelegenheit, daß sie Sartre intellektuell unterlegen sei? Bevor sie ihn kennenlernte, schreibt sie, habe sie sich niemals von »einem anderen geistig beherrscht gefühlt« (MT329; MJF480). Doch diese selbstbewußte Philosophiestudentin braucht bloß dem Starstudenten der École Normale Supérieure zu begegnen, und schon ist ihre Identität bedroht. In einer ihrer brillantesten Passagen von *L'étude et le rouet* zeigt Michèle Le Doeuff, daß alle wesentlichen Elemente der »erotisch-theoretischen« Beziehung Beauvoirs zu Sartre und zur Philosophie in einem einzigen Absatz der *Memoiren einer Tochter aus gutem Hause* zu finden sind. Es handelt sich um die Szene, in der Beauvoir eine philosophische Diskussion zwischen ihr und Sartre beschreibt. Das entscheidende Gespräch findet an einem Sommermorgen 1929 im Pariser Jardin du Luxembourg statt. Beauvoir ist 21, Sartre eben 24 geworden. Zum erstenmal, schreibt sie, habe sie sich entschlossen, Sartre ihre eigenen Ideen darzulegen, statt mit ihm nur einschlägige Examensthemen zu diskutieren:

»Im Jardin du Luxembourg, in der Nähe des Medicibrunnens, setzte ich ihm eines Tages jene pluralistische Moral auseinander, die ich mir zurechtgelegt hatte, um die Leute, die ich liebte, denen ich aber dennoch nicht hätte gleichen mögen, vor mir zu rechtfertigen; er zerpflückte sie mir [*il la mit en pièces*]. Ich hielt an meinem System fest, weil es mir das Recht gab, mein Herz darüber entscheiden zu lassen, was Gut und Böse sei; ich kämpfte [*je me débattis*] drei Stunden lang. Dann mußte ich zugeben, daß ich geschlagen war: Außerdem hatte ich im Lauf der Debatte erkannt, daß viele meiner Meinungen nur auf Vorurteilen, auf Unaufrichtigkeit oder Unüberlegtheiten beruhten, daß meine Beweisführungen hinkten und meine Ideen verworren waren. ›Ich bin mir dessen, was ich denke, nicht mehr sicher, ja, nicht einmal mehr sicher, überhaupt zu denken‹, notierte ich bestürzt. Meine Eitelkeit war nicht gekränkt, da ich eher neugierig als rechthaberisch war und lieber lernte als glänzte. Doch immerhin war es nach so vielen Jahren hochmütiger Einsamkeit eine ernste Erfahrung für mich, zu entdecken, daß ich weder die Erste noch die Einzige war, sondern eine unter vielen, die sich plötzlich ihrer wahren Fähigkeiten nicht mehr sicher war« (MT329f; MJF480; ÜV).

Die Bedeutsamkeit dieser Szene als emblematisch für die beharrliche Neigung Simone de Beauvoirs, sich in bezug auf die Philosophie als Sartres »Anderer« zu definieren, hat Le Doeuff überzeugend dargelegt; sie fragt sich, warum Beauvoir, eine hochintelligente Studentin der Philosophie, geradezu erpicht darauf zu sein scheint, die Philosophie Sartre zu überlassen.[1] Drei Stunden lang, so ihre Schilderung, kämpft sie, ehe sie sich gezwungen sieht, sich dem unleugbar geistig überlegenen Mann geschlagen zu geben; um so mehr überrascht es, daß Beauvoir anschließend ihre Niederlage als unerläßliche Initiation in ihr neues Leben als unabhängige Frau beschreibt. Ihr alter Ehrgeiz, »alles zu sagen«, sei eindeutig zu vage und zu emotional gewesen, schreibt sie.

Dank der notwendigen Ernüchterung hat sie nun jedoch wesentliche Erkenntnisse mitzuteilen: »Dennoch verlor ich den Mut nicht; die Zukunft kam mir zwar plötzlich schwieriger vor, als ich sie mir gedacht hatte, aber auch wirklicher und sicherer; statt formloser Möglichkeiten sah ich vor mir ein deutlich abgestecktes Feld mit seinen Problemen, Aufgaben, Materialien, Instrumenten und Widerständen« (MT330; MJF481; ÜV).

Leider ist diese optimistische Schilderung ihrer Erfahrung nicht ganz überzeugend. Während sie scheinbar fröhlich den alten Daseinsentwurf, »alles zu sagen«, als zugleich zuviel und zuwenig aufgibt und das »deutlich abgesteckte Feld« preist, das sich ihr eröffnet, übersieht sie die Tatsache, daß der neue Entwurf dem alten sonderbar ähnlich ist: »Ich fragte mich nicht mehr: Was tun? Alles war noch zu tun, alles, was ich früher hatte tun wollen: den Irrtum bekämpfen, die Wahrheit finden, sie sagen, die Welt aufklären, vielleicht sogar die Welt verändern helfen« (MT330; MJF481; ÜV). Der Wunsch, »alles zu sagen« (*tout dire*), hat sich in den Wunsch verwandelt, »alles zu tun« (*tout faire*): Das letztere ist kaum präziser als das erstere. Der Unterschied besteht, wenn überhaupt, darin, daß der neue Entwurf in seinem Ehrgeiz, die Wahrheit zu suchen und missionarisch in der Welt zu verbreiten, ausgeprägt philosophisch daherkommt. Tatsache ist jedoch, daß Beauvoir, die ihre Memoiren 1958 veröffentlicht, fast dreißig Jahre *après coup* schreibt. Beauvoirs Schilderung, die man am besten als eine Andeutung des Sartreschen Projekts der *littérature engagée* liest – es entstand allerdings erst lange nach den Ereignissen, in denen es angeblich skizziert worden sein soll –, demonstriert hier, bewußt oder unbewußt, in welcher Weise die philosophische Initiative nun Sartre gehört. Die drei Stunden im Jardin du Luxembourg hatten Simone de Beauvoir in der Tat verändert: Wenn sie den Park als eine Frau mit einem eigenen philosophischen Entwurf, der Entwicklung einer neuen Moral, betreten hatte, verließ sie ihn als Beraubte oder, um es anders auszudrücken: als *Schülerin*. »Sartre lockte Simone de Beauvoir in die Falle, indem er darauf bestand, daß sie ihm folgte«, schreibt Le Doeuff (*L'étude et le rouet*, S. 156).

Die Heftigkeit der Debatte dürfte Leser des *Anderen Geschlechts* nicht überraschen. Wenn Sartre ihre selbst entworfene Moral »auseinandernimmt« oder »zerpflückt« (*mettre en pièces*), dann nicht einfach deshalb, wie Beauvoir es gern hätte, weil er intelligenter ist, sondern weil er vor allem von einer weitaus besseren Ausbildung profitiert hat. Auf diese Weise illustriert die Schlüsselszene im Jardin du Luxembourg paradigmatisch die Beauvoirsche Analyse der Logik in männlich-weiblichen Beziehungen. Frauen, schreibt sie in *Das andere Geschlecht*, unterliegen häufig in Auseinandersetzungen mit ihren Ehemännern, weil die Männer von ihrer größeren Welterfahrung profitieren, während Frauen oft nicht die Chance hatten, eine gründliche »Bildung« oder Kenntnis der Welt zu erwerben:

»Nicht aufgrund einer geistigen Unzulänglichkeit argumentieren sie schlecht, sondern weil die Praxis sie nie zum Argumentieren genötigt hat. Für sie ist das Denken eher ein Spiel denn ein Werkzeug. So intelligent, empfindsam, ernsthaft sie auch sein mögen, verstehen sie es mangels intellektueller Technik nicht, ihre Meinungen darzulegen und die Konsequenzen daraus zu ziehen. So wird der Ehemann – selbst wenn er weniger begabt ist – keine Mühe haben, die Oberhand über die Frau zu gewinnen. Auch wenn er unrecht hat, wird er ihr beweisen können, daß er recht hat. In Männerhänden ist Logik oft Gewalt« (AG581; DSb294f; ÜV).

Wenn jedoch Beauvoir 1949 eine so treffende feministische Analyse dessen zu verfassen vermochte, was man als logisch-argumentative Gewaltsamkeit bezeichnen könnte, warum weist sie dann zehn Jahre später, als sie ihre Memoiren schreibt, nicht darauf hin? Obwohl es zutrifft, daß ihr eine derartige Analyse 1929 nicht zur Verfügung stand, sind die *Memoiren einer Tochter aus gu-*

tem Hause mit oft höchst zynischen Kommentaren über die eigenen jugendlichen Naivitäten und irrtümlichen Meinungen gespickt. Hier wie in so vielen anderen Zusammenhängen sieht es ganz so aus, als bleibe Beauvoirs Beziehung zu Sartre der einzige sakrosankte Bereich ihres Lebens, der sogar vor ihrer eigenen kritischen Aufmerksamkeit geschützt werden muß. Demgemäß lenkt sie unsere Aufmerksamkeit auch nicht auf die bemerkenswerte Ähnlichkeit zwischen der epistemologischen Szene im Pariser Park und ihrer Beschreibung der verändernden Gewalt, die bei der Defloration junger Mädchen wirksam ist:

»In früheren Zeiten wurde die Frau durch eine reale oder vorgetäuschte Entführung [*rapt*] ihrem kindlichen Universum entrissen oder gewaltsam in die Welt der Ehefrau versetzt. Heute ist es noch immer ein Gewaltakt, der das Mädchen zur Frau werden läßt: So sagt man denn auch, einem Mädchen die Unschuld ›rauben‹, ihm seine Blume ›nehmen‹. Diese Defloration ist nicht der harmonische Abschluß einer kontinuierlichen Entwicklung, sondern ein schroffer Bruch mit der Vergangenheit, der Anfang eines neuen Lebenszyklus« (AG453; DSb148).

Die Nebeneinanderstellung des Erotischen und des Theoretischen hat nichts Willkürliches; vor allem weil Beauvoir Sartre *begehrt*, hat sie das Bedürfnis, ihn mit allen phallischen Vorzügen auszustatten. Wenn sie ihn nicht bewundern könnte, würde sie ihn nicht lieben. Michèle Le Doeuff hat völlig recht, wenn sie Simone und Jean-Paul mit Héloïse und Abaelard vergleicht. In beiden Fällen verwandelt das Begehren der Frau den Körper des Mannes in Philosophie: Sein Körper repräsentiert für sie phallisches Wissen. In ihren Romanen kehrt Beauvoir wiederholt zum Thema der intellektuellen Frau zurück, die eine solche erotisch-theoretische Beziehung wünscht und eingeht. Hier sollte man einfach zur Kenntnis nehmen, daß Sartres philosophische Defloration ihres Denkens Beauvoir jeden Aspekt ihres bisherigen Lebens in Frage stellen läßt. Ihr Wunsch, eine auf die Menschenliebe gegründete Moral zu entwickeln, wird wegen mangelnder Logik verworfen und nicht als Ausgangspunkt für eine neue und überzeugendere Ausarbeitung beibehalten. Sie zweifelt sogar daran, ob sie überhaupt denkt: Einen Augenblick lang ist ihr Glaube an sich selbst als denkendes Wesen nahezu zerstört.

Sie reagiert darauf, indem sie tapfer beteuert, daß es ihr nichts ausmache, in Debatten nicht zu brillieren, und daß sie gegen die Rolle der Schülerin nichts einzuwenden habe (»...da ich lieber lernte als glänzte«). Aber wie Michèle Le Doeuff darlegt, *weiß* Beauvoir, daß wirkliches Denken, wirkliche Philosophie nicht eine Sache des »Glänzens«, sondern der Suche nach der Wahrheit ist (*L'étude et le rouet*, S. 157f.). Warum meint Beauvoir dann, Sartres logisch-argumentative Gewaltsamkeit und seine Brillanz in der Diskussion enthülle zwangsläufig die traurige Wahrheit, daß es *ihr* an Philosophie mangele? Man sollte auch nicht übersehen, daß Sartre 1929 noch keineswegs Sartre war: Er war ein 24jähriger Student, der es sogar fertiggebracht hatte, im Jahr zuvor bei der Philosophie-*agrégation* durchzufallen. In dieser Phase hätte es eigentlich niemand – am wenigsten Simone de Beauvoir – nötig gehabt, ihn als den intellektuell Überlegenen aufzubauen. Wenn sie es ernstlich gewollt hätte, wäre es Simone de Beauvoir, drei Jahre jünger und ohne das Privileg, der École Normale Supérieure anzugehören, damals wohl nicht schwergefallen, Sartre ihre intellektuelle Ebenbürtigkeit zu beweisen. Statt aber die Gründe für Sartres intellektuelle Überlegenheit zu erforschen, zieht sie es vor, diese als *naturgegeben* zu betrachten. Wie bei allen schwärmerischen Aufbrüchen dieser Art wird explizite Kritik (etwa der logisch-argumentativen Gewaltsamkeit Sartres) äußerst schwierig.

In ihren Memoiren aus den späten fünfziger Jahren rechtfertigt Beauvoir ihre Vorliebe für einen intellektuellen Mann als Partner in geradezu scholastischen Formulierungen; sie behauptet praktisch, daß im Patriarchat männliche Überlegenheit auf nicht mehr und nicht weniger als Gleichheit hinauslaufe: »Wenn in absolutem Sinn ein Mann, der einer bevorzugten Spezies angehörte und von vornherein einen beträchtlichen Vorsprung vor mir hätte, mir nicht überlegen wäre, müßte ich zu dem Urteil kommen, daß er in relativem Sinne weniger wäre als ich: Damit ich ihn als meinesgleichen anerkennen könnte, müßte er mir überlegen sein« (MT139; MJF202; ÜV). Hier versucht Beauvoir, es sich je nach Bedarf auszusuchen: Einerseits scheint sie zu sagen, daß sie es sich eigentlich nicht vorstellen kann, einen Mann zu *begehren*, der ihr nicht überlegen zu sein scheint; andererseits gibt sie aber auch zu verstehen, daß jede Überlegenheit, die ein Mann besitzen könnte, nicht wirklich glaubhaft wäre, weil sie ja nicht mehr wäre als eine Folge der patriarchalen Ungerechtigkeit. In ihrer Begegnung mit Sartre jedoch gibt es diese Ambiguität nicht: Das Begehren gewinnt mühelos die Oberhand; Sartre *ist* eben der Überlegene. »Ich hatte jetzt den Beweis«, schreibt sie, »daß er [Sartre] eines Tages ein philosophisches Werk von Gewicht schreiben würde« (MT329; MJF479; ÜV). Was sie betrifft, so weiß sie nun einfach, wie wir gesehen haben, daß sie nicht mehr »die Erste und Einzige« ist (MT330; MJF480).

Von der Wichtigkeit, interessant zu sein

Simone de Beauvoirs philosophische Niederlage im Jardin du Luxembourg führt zum schmerzlichen Verlust ihres Glaubens an ihren souveränen und exklusiven Status als denkendes Wesen. Für den Rest ihres Lebens bleibt sie dabei, sich intellektuell und philosophisch als zweite nach Sartre zu sehen. Aber *warum* macht sie sich diese Definition ihrer selbst als intellektuelle Frau so bereitwillig zu eigen? Was veranlaßt sie, eine solche Sprechposition einzunehmen? In diesem Kapitel will ich einige der subjektiven Faktoren untersuchen, die ihre Entscheidung beeinflußt haben könnten. Mit »subjektiv« meine ich vor allem Beauvoirs eigenen

Bericht über ihren Werdegang als intellektuelle Frau. Mich interessiert vor allem auch Beauvoirs Entschluß, es lieber auf literarischem als auf philosophischem Gebiet zu etwas bringen zu wollen. In Kapitel 2 werde ich die objektiven – *öffentlichen*[2] – Faktoren behandeln, die zu ihrer Entscheidung beitragen, sich als zweite nach Sartre zu definieren. Mit der Betonung der Idee der intellektuellen Niederlage stellt die oben skizzierte Interpretation der Szene im Jardin du Luxembourg meine erste Reaktion auf Beauvoirs Text dar. Diese Interpretation half mir, die hier umrissenen Probleme zu formulieren. Deren Untersuchung führte dann jedoch dazu, daß ich am Ende zu zwei alternativen Deutungen derselben Szene kam. Die drei Interpretationen sind nicht gegeneinander austauschbar: Zusammen schaffen sie ein Bewußtsein für die inhärenten Widersprüche der Situation einer intellektuellen Frau, die in einer patriarchalen Gesellschaft einen intellektuellen Mann liebt.

Zu guter Letzt möchte ich, bevor ich zu der epistemologischen Schlüsselszene am Medicibrunnen zurückkehre, die Ambiguität der Position Beauvoirs hervorheben. Während viele Feministinnen zu Recht Beauvoirs Neigung beklagen, sich als Sartre unterlegen zu definieren, folgt daraus nicht, daß sie sich zugleich auch als irgendeinem anderen Mann unterlegen betrachtet. Meiner Meinung nach versteht sie sich *nur* in bezug auf Sartre als zweite, nicht aber in bezug auf ihre anderen männlichen Universitätsfreunde wie Raymond Aron, Maurice Merleau-Ponty, Paul Nizan und Claude Lévi-Strauss. Was immer man sonst darüber sagen mag, ist dies nicht eben eine Position der Unterwürfigkeit und Selbsterniedrigung.

Im ersten Absatz ihrer Autobiographie beschreibt sich Simone de Beauvoir im Alter von zweieinhalb Jahren kurz nach der Geburt ihrer Schwester Hélène:

»Ich wende eine Seite im Album um. Mama hält ein Baby in den Armen, doch das bin diesmal nicht mehr ich; ich trage einen Faltenrock und eine Kappe und bin zweieinhalb Jahre alt; und meine Schwester ist gerade geboren. Ich war, so scheint es, eifersüchtig, aber nur kurze Zeit. So weit ich mich zurückerinnern kann, war ich stolz darauf, die Ältere, die Erste zu sein. Als Rotkäppchen verkleidet, trage ich einen Korb am Arm mit einem Kuchen und einem Topf Butter darin. Ich fühlte mich interessanter als ein auf seine Wiege beschränkter Säugling. Ich hatte eine kleine Schwester: Aber das Baby hatte mich nicht« (MT7; MJF9; ÜV).

An dieser Stelle tritt die Eifersucht, ein Schlüsselthema in Simone de Beauvoirs Romanen, zum erstenmal in ihren Memoiren auf. Beherrschend in ihrem ersten Roman, *L'Invitée* (1943), bildet das Thema Eifersucht dann auch den Hauptinhalt der Titelgeschichte im Erzählungsband *Eine gebrochene Frau* (1968), ihrem letzten veröffentlichten Erzählwerk.[3] In Beauvoirs autobiographischen Schriften dagegen wird der Eifersucht in der Tat nur ein bescheidener Platz eingeräumt. Doch hier, bei der allerersten Erwähnung einer auf ihrer persönlichen Bühne neu auftretenden handelnden Person – ihrer Schwester –, ist es so, als ob das Wort ihr nur herausrutsche, um mit dem nächsten Atemzug dementiert, gleichsam überholt zu werden. »Ich war, so scheint es, eifersüchtig, aber nur kurze Zeit.« Das ist indirekte Rede: *Andere* haben ihr erzählt, daß sie eifersüchtig war, sie selbst kann sich an nichts dergleichen erinnern. Doch auch wenn man voraussetzt, daß diese Berichte zutreffen – wofür im Text nichts spricht –, scheint ihre behauptete Eifersucht oberflächlich gewesen zu sein: eine unwichtige, triviale Episode der Kindheit. Indem sie hier davon erzählt, gelingt es Beauvoir, ihre Wahrheitsliebe ebenso zum Ausdruck zu bringen (selbst unbedeutende Vorkommnisse werden aufgezeichnet) wie die Belanglosigkeit des betreffenden Ereignisses.

Die *erste* zu sein – darauf kommt es der kleinen Simone an. Nach Beauvoirs Bericht von 1958 vermag die Geburt ihrer

Schwester die überlegene Position des kleinen Mädchens nicht zu bedrohen: Sie *ist* trotz allem die ältere Tochter, komme, was da wolle. Aber eine genauere Prüfung des Textes zeigt, daß sie ihre Überlegenheit nicht allein durch ihr Alter sicherstellen kann: Als Rotkäppchen verkleidet, schreibt sie, findet sie sich viel *interessanter* als ihre kleine Schwester in der Wiege. Aber wo kommt diese »interessante« Verkleidung her? Auf dem Foto, heißt es, trägt sie einen Rock und eine Kappe. Im Rückblick auf die relevante Zeitspanne (»So weit ich mich zurückerinnern kann...«) beschwört Beauvoir ein Bild ihrer selbst als Märchengestalt herauf. Ausgestattet mit erdichtetem Prestige, fühlt sie sich gegen Eifersucht gefeit. Hier findet sich eine elegante Anspielung auf ihre künftige Karriere als Schriftstellerin: In das Gewand der Literatur gehüllt, wird sie so *interessant* sein, daß sie ihren ersten Platz niemals an jemand anderen wird abtreten müssen. Doch die Macht der Faszination wird um den Preis der Verkleidung erworben: Es genügt nicht, einfach man selbst zu sein, einfach die ältere Tochter zu *sein.* Liebe, so entdeckt die kleine Simone, gibt es niemals umsonst, man muß immer gefallen. Dem bloßen Sein muß etwas hinzugefügt werden: Wenn Fiktion einen faszinierend macht, dann deshalb, weil sie Überschreitung und, vor allem, Maskerade ist.

Der Behauptung »*Ich* fühlte mich interessanter als meine Schwester« folgt sogleich eine stolze Besitzerklärung: »Ich hatte eine kleine Schwester, aber das Baby hatte mich nicht.« Simone kann Hélène nur besitzen, indem sie sie enteignet. Das Privileg, sich interessant zu fühlen, scheint ein Gefühl der Herrschaft über die äußeren Umstände zu erfordern – oder sogar zu erzeugen. Doch ist diese Herrschaft ständig potentiell bedroht: Die erste zu sein, bedeutet definitionsgemäß das Risiko, von Neuankömmlingen verdrängt zu werden. Solange Simone jedoch davon überzeugt ist, interessanter zu sein als sie, wird sie nach ihr geborene Geschwister immer nur als »unter ferner liefen« betrachten. Aber interessant für wen? Es ist unmöglich, *absolut* interessant zu sein; man ist immer *für* jemanden interessant. Wer befindet darüber, ob Simone interessant ist oder nicht? Sogar in der hier untersuchten Textpassage teilt sich Simones Glaube an ihre Anziehungskraft als die Wirkung einer Ermutigung aus anderer Quelle mit. Wen also will Simone bezaubern? Wenn wir den Hinweis auf Rotkäppchen ernst nehmen sollen, muß es der Wolf sein. Oder wenn nicht der Wolf, dann vielleicht der kühne Jägersmann, der dem Wolf den Kaiserschnitt verpaßt? Auch ohne Phantasien einer Wiedergeburt aus einem monströsen männlichen Schoß heraufzubeschwören, enthält Beauvoirs Hinweis auf dieses Märchen zumindest einen Hauch des Wunsches – oder des Zwangs –, das Männliche zu faszinieren und ihm zu gefallen.

Der nächste Absatz beschreibt die materielle Umgebung der frühesten Kindheit Simone de Beauvoirs. Ihre Erinnerungen, schreibt sie, seien undeutlich, aber sie erinnere sich an etwas »Rotes und Schwarzes und Warmes« (MT7; MJF9). Das Rot bezieht sich auf die Vorhänge und Teppiche der elterlichen Wohnung, heißt es. Der Rest des Absatzes beschreibt das Arbeitszimmer des Vaters (*le cabinet de papa*):

»Die Möbel dieses geheiligten Refugiums [*antre sacré*] waren aus schwarzem Birnbaumholz. Ich kroch in die Höhlung unter dem Schreibtisch und kauerte dort in Finsternis gehüllt; es war dunkel, es war warm, und das Rot des Teppichs stach mir in die Augen. So verging meine frühe Kindheit. Ich schaute, tastete und machte in warmer Geborgenheit Bekanntschaft mit der Welt« (MT7; MJF10; ÜV).

Der schoßartige Charakter dieses »geheiligten Schlupfwinkels« ist unverkennbar. Zusammengekauert in der warmen, roten und schwarzen Geborgenheit der Höhle unter dem Schreibtisch des Vaters, entdeckt die kleine Simone die Welt. Wenn uns der erste Absatz ein Bild der künftigen Schriftstellerin als Rotkäppchen vermittelt, stellt diese Passage die künftige Intellektuelle als kleines Kind dar, das die Welt von seinem Platz unter dem väterlichen Schreibtisch aus erforscht: eine moderne Athene, dem Haupt des Zeus entsprungen. Von Kindesbeinen an entwickelt Simone de Beauvoir einen Glauben an die Existenz einer unlösbaren Verbindung zwischen der Vorstellung von Schule, Lernen, Lesen – mit anderen Worten: von geistiger Arbeit – und der Vorstellung, den Vater zu interessieren, das heißt, ihn zu bezaubern, zu faszinieren, zu verführen. Solange dieses Gleichgewicht hält, ist die kleine Simone von ihrer Überlegenheit überzeugt und vor Rivalen geschützt: Sie bleibt die Erste und die Einzige.

Einen ersten Schlag erfährt dieses Gefühl der Einzigartigkeit und Überlegenheit, als Simone, mittlerweile Teenager, erkennt, daß der Vater ihr die schulischen Erfolge übelnimmt und seine Zuneigung nun auf ihre jüngere Schwester Hélène richtet, die hübscher und in ihrer Art konventionell femininer ist. Diese Erkenntnis wirkt sich auf Simones Selbstverständnis lähmend aus. Offenbar ist es also nicht genug, interessant zu sein. Der Vater kann nicht durch den Geist allein verführt werden: Frauen, von Simone als »unterlegen« betrachtet, eben weil sie »uninteressant« sind, können also doch zu Rivalinnen werden, die sie im Ringen um die Aufmerksamkeit des Vaters zu fürchten hat. Der geheimnisvolle Zauber der schwer zu definierenden Eigenschaft, die im Patriarchat als »Weiblichkeit« bekannt ist, erweist sich als Bedrohung ihrer Herrschaft. Simone erlebt also ihre erste Enttäuschung im Zusammenhang mit geistiger Arbeit, als sie erkennt, daß eine Frau nicht mit dem Verstand allein verführen kann. Mit hochmütigem Stolz und beträchtlichem Zorn reagiert Simone de Beauvoir auf diese narzißtische Kränkung, die der Vater ihr zugefügt hat, und entzieht ihm ein für allemal ihre Zuneigung: Von nun an wird er in ihrem autobiographischen Werk nur noch als verabscheuenswerter, sexistischer, rechtskonservativer, egozentrischer Dutzendmensch figurieren.

Der zweite Schlag, den ihr Glaube an die Verführungskraft ihres Intellekts erfährt, ist das *débâcle* im Jardin du Luxembourg.

Doch obwohl es ihr Selbstwertgefühl zerstört, reagiert sie nun völlig anders. Statt Sartre zu verabscheuen, verwandelt sie ihn in die Inkarnation phallischer Vollkommenheit schlechthin. Es scheint, als ob es ihr gelingt, auf ihre intellektuelle Überlegenheit zu verzichten, ohne sich vom totalen Verlust ihrer Verführungskräfte bedroht zu fühlen, gerade weil sie zu dieser Zeit ein erotisches Verhältnis mit ihm hat. Abermals sind wir mit dem Dilemma der intellektuellen Frau im Patriarchat konfrontiert: Von Kindheit an ist sie daran gewöhnt, durch Interessantsein zu verführen, doch als sie heranwächst, erkennt sie, daß sie niemals durch Interessantsein *allein* verführen kann. Während Simone de Beauvoir durchaus wünschen mag, daß Sartre ihren Intellekt bewundert, muß sie gewußt – oder zumindest undeutlich empfunden – haben, daß im Patriarchat ihren sexuellen Bedürfnissen und Wünschen schlecht gedient wäre, wenn sie die entscheidende Diskussion im Jardin du Luxembourg *gewonnen* hätte. Indem sie die Rolle der *Gehilfin* oder Assistentin in Sartres philosophischem Projekt wählt, sich als seine rechte Hand, gleichsam als Hauptverteidigerin des neuen Glaubens sieht, beansprucht Beauvoir für sich eine keineswegs unbedeutende Rolle, vielleicht die einzige, die es ihr damals ermöglichte, sowohl als Intellektuelle als auch als Frau zu verführen.

In diesem Sinne also stellt ihre philosophische Niederlage beim Medicibrunnen keineswegs einen totalen intellektuellen Verzicht dar. Sie verrät auch nicht die Absicht, einfach durch traditionelle »weibliche« Tricks zu gefallen. Wie Michèle Le Doeuff dargelegt hat, entwickelt sich Simone de Beauvoir zu einer überragenden »heimlichen Philosophin«, einer Denkerin im verborgenen (vgl. *L'étude et le rouet*, S. 157). Statt dessen – und das ist meine zweite Interpretation der Szene – meine ich, sollte man sie als Kompromiß verstehen zwischen dem Wunsch, als Frau zu faszinieren, und dem Wunsch, als Intellektuelle zu faszinieren. Unnötig zu sagen, daß es vor allem die vorherrschende patriarchale Ideologie der »Weiblichkeit« ist, die ein solches Dilemma für die intellektuelle Frau hervorruft. Für Sartre gab es niemals einen Augenblick, in dem seine Verführungskräfte als Mann mit seinen Verführungskräften als Intellektueller in Konflikt gerieten. Im Gegenteil, in seinem Fall scheinen, wie bei so vielen anderen intellektuellen Männern, seine geistigen Fähigkeiten seine männliche Anziehungskraft beträchtlich erhöht – wenn nicht gar hervorgerufen – zu haben.

Mit Nachdruck muß betont werden, daß das Dilemma, dem sich Simone de Beauvoir gegenübersieht, weitgehend auf ihre außergewöhnliche akademische Situation als wegbereitende Frau innerhalb des französischen Universitätssystems zurückzuführen ist. Gerade weil sie ihren männlichen Freunden und potentiellen Geliebten akademisch ebenbürtig oder überlegen ist, wird es 1929 für sie als begehrende heterosexuelle Frau, die in der patriarchalen Ideologie gefangen ist, zwingend, nicht *fähiger* zu erscheinen als der auserwählte Geliebte, wenn sie ihre Verführungskräfte bewahren will.[4] Dieses spezifische Dilemma war für Frauen, denen das Bildungs- oder Kulturkapital ihrer männlichen Konkurrenten fehlte, nicht so akut.[5] Es ist deshalb völlig irrelevant, Beauvoirs Verhalten etwa mit dem von Colette zu vergleichen, die so gut wie keine formale Ausbildung erhalten hatte und ohnehin einer anderen Generation und einer anderen Gesellschaftsschicht angehörte, oder, andererseits, mit dem Verhalten von Simone Weil, die, ausgebildet an der École Normale Supérieure, als *agrégée* in Philosophie zumindest ebensoviel Bildungskapital akkumuliert hatte wie Beauvoir, jedoch ihrer Rolle als begehrende Frau entsagte, um ihre geistigen und intellektuellen Interessen selbständig entwickeln zu können.

Es ist dennoch verständlich, daß in den neunziger Jahren Feministinnen Enttäuschung darüber empfinden, daß Simone de Beauvoir ein Leben lang auf ihrer philosophischen Zweitrangigkeit in bezug auf Sartre bestanden hat. Man muß jedoch bedenken, daß die Einschätzung ihrer eigenen Position nicht unbedingt falsch ist. Obwohl es zutrifft, daß ihre Zukunft als Philosophin *vor* dem schicksalhaften Sommertag 1929 noch keineswegs entschieden war, hatte die von ihr getroffene Wahl den Charakter einer sich selbst erfüllenden Prophezeiung. Nachdem sie sich im Alter von 21 Jahren als zweitrangig in bezug auf Sartre definiert hat, wird sie weder den Wunsch noch den Ehrgeiz haben, jemals die schwere Arbeit in Angriff zu nehmen, die erforderlich ist, um sich als unabhängige Philosophin zu etablieren: 15 Jahre später wird Sartre *Das Sein und das Nichts* veröffentlichen, Beauvoir *Pyrrhus und Cineas*. Nur in *Das andere Geschlecht* beweist sie ihre überragende Fähigkeit unabhängigen philosophischen Denkens, aber wie Michèle Le Doeuff darlegt, bemüht sie sich sogar hier deutlich, nicht als Philosophin zu *erscheinen* (vgl. *L'étude et le rouet*, S. 156). Während Simone de Beauvoirs Verständnis der Bedeutung der Debatte beim Medicibrunnen für Feministinnen der neunziger Jahre nicht sonderlich befriedigend sein mag, kann – und sollte – ihr Bericht eine Fülle von Anlässen liefern, darüber nachzudenken, wie schwer es im Patriarchat ist, eine intellektuelle Frau zu werden. Und in diesem Kontext meint eine »intellektuelle Frau« eine Frau, die sich weigert, die traditionelle patriarchale Trennung zwischen Geist und Körper, Verstand und Verführung zu akzeptieren.

Wissen und Schreiben

»Meine Freiheit [...] äußerte sich in der Verfolgung eines originalen, immer wiederaufgenommenen und bekräftigten Entwurfs [*projet originel*]: zu wissen und auszudrücken« (AA20; TCF25; ÜV).

»Andererseits gibt es in meinem Leben auch sehr alte Bindungen, die nie zerbrochen sind. Vor allem zwei Dinge haben meinem Dasein seine Einheit verliehen: der Platz, den Sartre niemals aufgehört hat in ihm einzunehmen. Und die Treue, mit der ich an meinem ursprünglichen Entwurf [*projet originel*] festgehalten habe: wissen und schreiben« (AA36; TCF45; ÜV).

Im letzten Band ihrer Memoiren, *Alles in allem*, stellt Simone de Beauvoir ihr Leben als Einheit zweier Faktoren dar, zum einen Sartre, zum anderen ihr »ursprünglicher Entwurf« (*projet originel*): zu wissen und zu schreiben, Kenntnisse über die Welt zu erwerben und diese auszudrücken. Dieser ursprüngliche Entwurf ist auch das Leitmotiv der *Memoiren einer Tochter aus gutem Hause*. Als kleines Kind brachte Simone de Beauvoir Wissen zunächst nicht mit schulischem Lernen und väterlichem Drill in Zusammenhang, sondern verstand Wissen eher als Essen. Die Welt zu essen, bedeutete, sie zu erobern, sie sich zu eigen zu machen. Sogar noch als Erwachsene, schreibt sie, habe sie die Vorstellung, sich die Welt einzuverleiben, weiterhin mit dem Erlebnis von Macht und von Freude am Wissen verbunden:

»Wenn die Welt, in der wir leben, ganz und gar eßbar wäre, welche Macht besäßen wir über sie! Als ich erwachsen war, hätte ich am liebsten die blühenden Mandelbäume abgeweidet und die Pralinen des Sonnenuntergangs zerbissen. Vor dem Himmel von New York kamen mir die Neonreklamen wie riesige Näschereien vor, um die ich mich betrogen fühlte« (MT9; MJF12; ÜV).

Es ist mehr als wahrscheinlich, daß die kleine Simone Wissen tatsächlich als eine orale Beziehung zur Welt erlebte. Zugleich aber lesen sich die Seiten, die ihren Appetit auf die leuchtend bunte Welt um sie herum heraufbeschwören, verdächtig wie ein textlicher Widerhall der *Theorie* Sartres, die Erkennen mit Essen gleichsetzt. In *Das Sein und das Nichts* behauptet Sartre: »Beim Tier ist die Neugier immer sexuell oder nahrungssuchend. Erkennen heißt mit den Augen essen.« In einer Fußnote fügt er diesem Satz hinzu: »Für das Kind ist Erkennen wirklich Essen. Es will *schmecken*, was es sieht« (SN992; EN668). Wie Beauvoir betont Sartre, daß der Wunsch, sich den Gegenstand der Erkenntnis einzuverleiben, ein Verlangen nach Beherrschen und Macht enthüllt:

»Im Erkennen zieht das Bewußtsein seinen Gegenstand an sich und verleibt ihn sich ein; Erkenntnis ist Assimilation; die Werke der französischen Epistemologie wimmeln von Ernährungsmetaphern (*absorption, digestion, assimilation*). Es gibt also eine Auflösungsbewegung, die vom Gegenstand zum erkennenden Subjekt geht. Das Erkannte verwandelt sich in *mich*, wird mein Gedanke und ist eben dadurch bereit, seine Existenz von mir allein zu erhalten« (SN992; EN667).

Der Gegenstand der Erkenntnis bleibt jedoch ein Anderes: Er ist »unverdaulich wie ein Kiesel« und erinnert Sartre an die biblische Geschichte von Jonas im Bauch des Walfischs (SN992; EN667f). Dieses Symbol, schreibt Sartre, enthüllt unseren Traum »von nicht zerstörender Assimilation«. Leider ist dies, so Sartre, ein unmöglicher Traum, weil alles Begehren faktisch seinen Gegenstand zerstört. Für Sartre ist Erkenntnis also eine Form zerstörerischen Besitzens: Es ist eine Einbahnbeziehung zwischen einem aktiven Subjekt des Erkennens und einem passiven Objekt der Erkenntnis. Michèle Le Doeuff hat die Verdrehtheit dieser Beweisführung glänzend demonstriert (vgl. *L'étude et le rouet*, S. 94–97). Obwohl uns die Theorien des erwachsenen Sartre über diesen Punkt etwas unreif vorkommen mögen, ist Beauvoirs Verwendung desselben *topos*, um ihre Wahrnehmung der Welt *als Kleinkind* zu beschreiben, ebenso angemessen wie überzeugend.

Wenn sie den Freuden des oralen Weltbesitzes soviel Bedeutung beimißt, hebt Beauvoir aber auch den zweischneidigen Charakter dieses Prozesses hervor. Denn Essen läßt sie wachsen: Indem sie das Essen verschlingt, mit dem ihre Mutter und das Kindermädchen Louise sie füttern, verurteilt sie sich dazu, zu groß zu werden, um noch auf dem Schoß ihrer Mutter sitzen zu können; Essen bringt Wissen, aber auch Trennung, Einsamkeit und Tod:

»Ich war um zwei oder drei Zentimeter gewachsen, man gratulierte mir dazu, und ich bildete mir etwas darauf ein; manchmal jedoch erfaßte mich auch Angst. [...] Ich betrachtete Mamas Lehnsessel und dachte: ›Ich werde mich nicht mehr auf ihren Schoß setzen können.‹ Plötzlich war da die Zukunft: Sie würde mich in eine andere verwandeln, die ›ich‹ sagte und die doch nicht mehr ich war. Ich habe alle Entwöhnungen, allen Verzicht, alle Verlassenheit, alle meine folgenden Tode schon früh vorausgeahnt« (MT9; MJF13; ÜV).

Man kann dies auch als eine Anspielung auf den Sündenfall verstehen: Weil Simone die Frucht vom Baum der Erkenntnis ißt, wird sie aus dem Paradies vertrieben werden. Wie dem auch sei, ihre Schilderung der frühen Kindheit offenbart eine Spannung zwischen dem oralen Vergnügen, die Welt zu beherrschen, indem sie sie sich einverleibt, und der Angst, das mütterliche Paradies verlassen zu müssen, in dem solche Freuden möglich sind. Doch es gibt Kompensationen für den Verlust der mütterlichen Geborgenheit: Die kleine Simone vermag auch die Freuden des Verführens zu genießen, wenn sie den Vater oder andere männliche Erwachsene bezaubert. Als sie von dem Wunsch erzählt, den männlichen Gästen ihrer Eltern zu gefallen, hebt sie vor allem die Macht der *Worte* dieser Besucher hervor: »Ich legte besonderen Wert darauf, ihre [der Männer] Aufmerksamkeit zu erregen. Ich alberte herum, rutschte unruhig hin und her und lauerte auf das Wort, das mich meiner kindlichen Begrenztheit entreißen und mir in ihrer Welt Existenz verschaffen würde« (MT10; MJF14; ÜV).

Die Tragödie besteht darin, daß das imaginäre (im Sinne Lacans) Wissen, das durch die Einverleibung der Welt erworben wird, mit der Beherrschung der Sprache unvereinbar ist. »Zu wissen und auszudrücken«: Für das kleine Mädchen, das Beauvoir in ihren Memoiren heraufbeschwört, besteht ein tiefgreifender und beunruhigender Konflikt zwischen den beiden Aspekten ihres »ursprünglichen Entwurfs«, das heißt des Entwurfs, der entsprechend der Existenzphilosophie die stärksten Bedürfnisse und Wünsche ihres Seins ausdrückt. Auf irgendeine Weise verzerrt die Sprache die materiellen Erkenntnisse des kleinen Mädchens. Seine heftigen Wutanfälle scheinen etwas mit der qualvollen Mühe zu tun zu haben, in die Welt der Worte einzudringen: »Dennoch stimmte etwas nicht, da ich Wutanfälle bekam, die mich, blau im Gesicht und wie von Krämpfen geschüttelt, zu Boden warfen« (MT13; MJF17; ÜV). Die willkürlichen Befehle und Verbote ihrer Umgebung werden zum Gegenstand ihres Zorns. Die kleine Simone ist geradezu ein Schulbeispiel für die Qual, sich dem Gesetz unterwerfen zu müssen: »Aber ich weigerte mich, der ungreifbaren Macht der Worte nachzugeben [...]. Im Innersten des Gesetzes, das mich mit der unerbittlichen Schwere von Steinen niederdrückte, ahnte ich schwindelerregende Leere: Sie war der Abgrund, der mich, lauthals schreiend, verschlang [*je m'engloutissais*]« (MT14; MJF19; ÜV). Die Sprachbilder »Abgrund« oder »Leere« (*le gouffre*), »Schwindel« oder die Vorstellung, von einer schrecklichen, unkontrollierbaren Macht verschlungen (*engloutir*) zu werden, treten in Beauvoirs Werk immer wieder auf.[6] Häufig mit Depression oder Angst verbunden, scheinen solche Anfälle die Folge eines Konflikts zu sein, der aus der Schwierigkeit resultiert, das mütterliche Universum oraler Befriedigung und narzißtischer Omnipotenz zu verlassen und in die väterliche Sphäre des Gesetzes, der Sprache und der Sexualität einzutreten. Laut Beauvoir war die Spannung zwischen der mütterlichen und der väterlichen Welt, zwischen dem katholischen Moralismus ihrer Mutter und dem Atheismus ihres Vaters, ebenfalls ein Grund für ihren Entschluß, eine Intellektuelle zu werden.

Derselbe Konflikt tritt auch in der Beziehung zur Sprache zutage. Obwohl Beauvoir die Sprache dem Einflußbereich des Vaters zuweist, treten beide Eltern als Repräsentanten eines streng essentialistischen Diskurses auf, den das kleine Mädchen sogleich als falsch erfährt: »Schon zur Zeit meines frühesten Stammelns strafte meine Erfahrung einen solchen Essentialismus Lügen« (MT18; MJF26). Ihre Familie benennt alles in Begriffen von Schwarz oder Weiß, Gut oder Böse, während sie selbst nur Nuancen von Grau wahrzunehmen vermag. Als das kleine Mädchen versucht, seine wirklichen Wahrnehmungen auszudrücken, muß es den Versuch als hoffnungslos aufgeben:

»Ich mußte mich der Worte bedienen und sah mich in eine Welt der knöchernen Begriffe [*des concepts aux dures arêtes*] versetzt. Was ich mit eigenen Augen sah, was ich ein für allemal als Erfahrung buchte, mußte sich wohl oder übel in diesen starren Rahmen fügen; Mythen und Klischees bekamen den Vorrang vor der Wahrheit; unfähig diese zu fixieren, ließ ich zu, daß sie in Bedeutungslosigkeit versank« (MT19; MJF26; ÜV).

Als sie zum Teenager herangewachsen ist, verschärfen sich die Konflikte mit den Eltern. Niedergedrückt von der Schwierigkeit, mit ihnen zu kommunizieren, fremd in ihrer Welt der falschen Werte, der sie nun schon so lange zu entkommen versucht, behauptet sie: »Ich hatte mich immer gegen den Zwang der Sprache gewehrt« (MT185; MJF266). Die Passage, in der sie ihre Einstellung zur elterlichen Sprache als Siebzehn- oder Achtzehnjährige schildert, ähnelt auf verblüffende Weise dem Abschnitt, in dem sie ihre Schwierigkeiten im Alter von vier oder fünf Jahren beschreibt:

»Wieder [wurde ich] in die Welt zurückgeschleudert, der zu entkommen ich mich jahrelang bemüht hatte, in der jedes Ding seinen eindeutigen Namen, seinen Platz, seine Funktion hat, in der Haß und Liebe, Gut und Böse so scharf geschieden sind wie

Schwarz und Weiß, wo im voraus alles klassifiziert, katalogisiert, bekannt, begriffen und unwiderruflich beurteilt ist; die Welt der scharfen Grate [*aux arêtes coupantes*], von einem unerbittlichen Licht erhellt, das nie der Schatten eines Zweifels streifte« (MT185; MJF266f; ÜV).

In der Tat entsprechen die beiden Texte (etwa durch die Verwendung von *arêtes coupantes*) einander so deutlich, daß es beim Leser Mißtrauen erweckt. Kann Beauvoir im Alter von vier und von 17 Jahren wirklich dieselbe Vorstellung von den falschen Werten des familiären Diskurses gehabt haben? In beiden Fällen könnte man die Begriffe »starr« oder »knöchern« als Hinweise auf den bedrückend phallischen Charakter des Väterlichen Gesetzes deuten. Eine solche Interpretation würde jedoch die philosophische Untermauerung der Beauvoirschen Rhetorik übersehen. Denn wenn Beauvoir ihre Familie in beiden Textpassagen mit weitgehend identischen Formulierungen kritisiert, dann deshalb, weil der gesamte Text aus ein und derselben existentialistischen Perspektive geschrieben ist. Wenn sie beispielsweise die unterdrückende Sprache ihrer Eltern als eine Form von »Essentialismus« bezeichnet (MT18; MJF26), will sie dem Gedanken Ausdruck verleihen, daß es sich um eine Welt handelt, in der Werte stets als schon gegeben und nicht als stets neu zu schaffen verstanden werden. Das ist eine genaue Wiedergabe der Sartreschen Definition von Unaufrichtigkeit. Die bürgerliche Welt, die Beauvoir heraufbeschwört, entspricht exakt der Sartreschen Beschreibung der *lâches* (Feiglinge) und *salauds* (Halunken) in *Ist der Existentialismus ein Humanismus?*. Die *lâches* weigern sich, ihre Freiheit zuzugeben, die *salauds* sind nicht bereit, sich selbst als notwendig zu betrachten. Die Rigidität ihrer Auffassungen spiegelt ihre Überzeugung wider, daß sie nicht die Macht haben, die sie umgebende Welt zu verändern. Beauvoir will also schon im Alter von vier oder fünf Jahren die Sprache der bürgerlichen Welt in Sartreschen Begriffen erfahren haben.

In den *Memoiren einer Tochter aus gutem Hause* bemüht sich Beauvoir auf diese Weise, stets unauffällig, doch ganz unmißverständlich, die bürgerliche Welt, gegen die sie rebellieren wird, in konsequent existentialistischen Begriffen darzustellen. Das Problem ist, daß sie niemals erklärt, daß sie ebendies tut. Die existentialistische – philosophische – Untermauerung ihres Erzählens ist von der ersten Seite des Buches an präsent, bleibt jedoch unthematisiert. Oder um es anders auszudrücken: Bis 1958 war der Existentialismus für Simone de Beauvoir schon lange zur spontanen Betrachtungsweise ihrer selbst und der Welt geworden. Deshalb gelingt es ihrem Erzählen, die Vorstellung zu vermitteln, daß ihr *projet originel* – die Wahrheit zu finden und sie auszudrücken – eine unmittelbare Reaktion auf die unterdrückende Ideologie ihrer Kindheit ist. Wir erfahren aber auch, daß eine erfolgreiche Suche nach der Wahrheit *nicht* zu dem *univers aux concepts aux dures arêtes* führen darf. Hier drückt sich der Wunsch nach einer anderen Form der Sprache aus, die geschmeidiger sein müßte als die nüchterne Welt abstrakter Signifikanten, der sie ausgesetzt war. In seiner nostalgischen Sehnsucht nach einer Kompromißlösung erinnert dieser Wunsch an ihren anderen Wunsch, nämlich eine Moral zu entwickeln, die ihr erlauben würde, die Menschen zu lieben, mit denen sie nicht übereinstimmte – eben jene Idee, die von Sartre im Jardin de Luxembourg »zerpflückt« wird.

Doch *dieser* Traum, den Konflikt zwischen mütterlichen und väterlichen Werten glücklich zu transzendieren, wird nicht zerstört. Wie wir gesehen haben, schließt sich Beauvoir nach ihrer Niederlage am Medicibrunnen der Sartreschen Theorie der Freiheit und des Handelns durch Philosophie geradezu begierig an. Diese offenkundige Unterwerfung unter seine Anschauungen beruht auf ihrer persönlichen Logik, mit der sie Sartres Ideen zu einer Antwort auf ihre Gebete um Befreiung aus der unterdrückenden Welt ihrer Familie erklärt. Hier bietet sich ihr endlich eine Philosophie, die ihr Wahrheit verspricht, die Sprache, die sie auszudrücken vermag, und die Ermutigung, ihre eigenen Entwürfe voranzutreiben. Mutter und Vater gleichermaßen ablehnend, sieht Beauvoir in Sartre den Menschen, der ihr wahre Freiheit verheißt. Von nun an nimmt er, als Quelle des dominanten Diskurses, im Leben Simone de Beauvoirs den Platz der Mutter wie den des Vaters ein. Mit einem Schlag scheint der Konflikt zwischen mütterlichem und väterlichem Diskurs gelöst zu sein: Sartre tritt als Vermittler einer dialektischen Synthese zwischen den moralischen Perspektiven ihrer Mutter und dem Atheismus ihres Vaters auf; hier, endlich, bietet sich ihr eine wahre Sprache ohne die *arêtes coupantes.* Wenn Beauvoir im Jardin du Luxembourg vor Sartre kapituliert, dann also deshalb, weil er die Erfüllung ihrer utopischsten Wünsche darstellt. Diese Behauptung wird in *Alles in allem* wiederholt, wo Beauvoir schreibt, sie habe »Sartres Freundeskreis akzeptiert. Ich bin in seine Welt eingetreten, nicht, wie hier und da behauptet wird, weil ich eine Frau bin, sondern weil dies die Welt war, die ich seit langem ersehnte« (AA28; TCF24).

Diese ziemlich glatte Version der Ereignisse interpretiert jedoch über bestimmte Probleme hinweg. Wir haben bereits gesehen, daß Beauvoirs Schilderung der Szene im Jardin du Luxembourg für 1929 Erkenntnisse vorausnimmt, die erst sehr viel später entwickelt worden sein können, als Sartre wirklich Sartre *geworden* war (der er nach meiner festen Überzeugung damals noch nicht war). Diese Feststellung wirft die Frage nach der Erzählperspektive der *Memoiren einer Tochter aus gutem Hause* im allgemeinen auf. Kurz und bündig könnte man behaupten, daß Beauvoir ihre schreibende *persona* elegant als ziemlich ironische, amüsierte Beobachterin ihrer frommen Kindheit und als mitfühlendere Chronistin ihrer unterdrückten und rebellischen Jugendzeit präsentiert. Obwohl sie ihre Distanz zu der jungen Simone nicht zu verbergen versucht, gibt sie sich die äußerste Mühe, die Entwicklung ihres Bewußtseins als die phänomenologische Entwicklung einer relativ einfachen Handlung darzustellen: Zuerst fühlt sich die junge Simone von ihrer Familie unterdrückt, dann rebelliert sie, und schließlich begegnet sie Sartre. Aber wie Sartre selbst als erster argumentiert hätte, verleiht das Ende dem Vorausgegangenen Bedeutung. Gerade die philosophischen Begriffe, in denen Beauvoir die Darstellung ihrer selbst formuliert, enthüllen nur allzu deutlich, daß die *Memoiren einer Tochter aus gutem Hause* so konstruiert wurden, um die Begegnung mit Sartre am Ende als *notwendig* erscheinen zu lassen: die perfekte Krönung ihres Entwurfs der Unabhängigkeit. Auf diese Weise kann Beauvoirs Darstellung ihrer intellektuellen Niederlage, die ihr Sartre zufügt, so interpretiert werden, wie sie sicherlich gemeint war: als ein weiterer Beweis dafür, daß Sartre in der Tat der Mann war, der ihren Träumen im Alter von 15 Jahren genau entsprach.

Eine rhetorische *tour de force*, gelingt es dem Aufbau und dem Stil der *Memoiren einer Tochter aus gutem Hause*, zu vermitteln, daß Beauvoirs Niederlage überhaupt keine Niederlage ist. Beauvoir gibt zu verstehen, daß die Szene im Jardin du Luxembourg weniger ein *débâcle* – und das ist nun meine dritte Interpretation – als vielmehr einen Augenblick der Wahrheit darstellt, den Augenblick, in dem die junge Simone de Beauvoir endlich *ihrem* ursprünglichen Entwurf von Angesicht zu Angesicht gegenübersteht: zu wissen und zu schreiben – oder in ihren Worten: »den Irrtum bekämpfen, die Wahrheit finden, sie sagen, die Welt aufklären, vielleicht sogar die Welt verändern helfen« (MT330; MJF481; ÜV). In dieser Interpretation *ist* Sartre der frei gewählte Entwurf Beauvoirs: Die Frage der Unterwerfung und Unterdrückung stellt sich nicht. Die beiden konstanten Faktoren ihres Lebens, Sartre und ihr *projet originel*, erweisen sich als ein und dasselbe. Das ist in der Tat Simone de Beauvoirs eigenes Verständnis ihrer Begegnung mit Sartre: »Sartre entsprach genau dem, was ich mir mit fünfzehn Jahren gewünscht hatte: Er war das Double, in dem ich mit Erregung alles wiederfand, wovon ich selbst besessen war [*toutes mes manies*]. Mit ihm würde ich stets alles teilen können. Als ich mich Anfang August von ihm trennte, wußte ich, daß er nie mehr aus meinem Leben verschwinden würde« (MT331; MJF482; ÜV). Mit anderen Worten: Sartre ist sie selbst, ist es mehr als sie. Der Augenblick der Niederlage im Pariser Park wird also zu dem Augenblick, in dem die problematische Maxime des *On ne fait qu'un* (»Wir sind eins«) entsteht: Diese Einheit ist der verborgene Kern, der eigentliche *telos* der *Memoiren einer Tochter aus gutem Hause.*

Wenn ich darlege, wie Simone de Beauvoir die ihr von Sartre zugefügte philosophische Niederlage rhetorisch zu einem Bestandteil ihres eigenen frei gewählten Entwurfs ausbaut, will ich damit keineswegs zu verstehen geben, daß ihr Bericht *falsch* ist. Im Gegenteil, ich bin davon überzeugt, daß diese Deutung Simone de Beauvoirs eigenem Erleben ihrer Begegnung mit Sartre am nächsten kommt und daß sie nicht ehrlicher hätte darstellen können, was er für sie bedeutete. Ich behaupte jedoch, daß sogar nach Beauvoirs eigenen philosophischen Begriffen ihre Darstellung der *Notwendigkeit* Sartres in ihrem Leben einen Hauch Unaufrichtigkeit verrät. Als heroischer Versuch, den traditionell romantischen Glauben an die seelische Einheit zweier seit Ewigkeiten füreinander bestimmter Liebender mit dem existentialistischen Glauben an Freiheit und Kontingenz zu versöhnen, ist Beauvoirs Darstellung der Bedeutung Sartres in ihrem Leben zwar psychologisch eindrucksvoll, aber philosophisch nicht überzeugend.

Im Unterschied zu Simone de Beauvoir glaube ich nicht, daß es möglich ist, ein Leben unfehlbar klarer Authentizität zu führen. Mehr noch, ich halte es für wahrscheinlich, daß unsere blinden Flecken gerade in jenen Bereichen zu finden sind, die uns am meisten bedeuten. Was Simone de Beauvoirs Darstellung Sartres in den *Memoiren einer Tochter aus gutem Hause* also offenbart, ist die Art und Weise, in der bis spätestens 1958 der Mythos der Einheit zwischen ihr und Sartre als eines der fundamentalsten Elemente ihrer Identität funktioniert. Sosehr sie sich auch bemüht, sich von einigen negativen Aspekten dieses Mythos zu befreien, bleibt er doch das einzige unantastbare Dogma ihres Lebens. Diese Quelle großen Stolzes und großen Glücks wird aber auch zur Ursache tiefen Schmerzes: Der wirkliche blinde Fleck in den Memoiren Simone de Beauvoirs ist ihre Unfähigkeit, dieses Leid zu erkennen.

Literatur oder Philosophie?

Auf der Trennlinie zwischen Literatur und Philosophie schwebend hätte Beauvoirs ursprünglicher Entwurf – Wissen und Schreiben – eher zu einem philosophischen als zu einem literarischen Leben führen können. Doch wie wir gesehen haben, ist sie nach der Szene im Jardin du Luxembourg fest entschlossen, sich im Vergleich mit Sartre als zweitrangige Philosophin zu betrachten. Aber nicht alle Philosophen können Sartre sein. Beauvoir hätte, wie Merleau-Ponty, immer noch Befriedigung in philosophischer Arbeit finden und sich schließlich als herausragende Philosophin aus eigenem Recht etablieren können. Es scheint, daß gerade ihre Auffassung von Philosophie wie ihr Wunsch nach absoluter epistemologischer Meisterschaft eine solche Wahl für sie uninteressant machte. Mit dem Entschluß, Romanschriftstellerin zu werden, entschied sich Beauvoir gegen die Disziplin, die sie als junges Mädchen allen anderen vorgezogen hatte:

»Was mich an der Philosophie vor allem anzog, war, daß sie unmittelbar auf das Wesentliche ging. Details interessierten mich nicht; ich nahm den allgemeinen Sinn der Dinge eher wahr als ihre Besonderheiten, und ich zog das Verstehen dem Sehen vor; ich hatte immer *alles* verstehen wollen: Die Philosophie würde mir erlauben, dieses Verlangen zu befriedigen, denn sie zielte auf die Gesamtheit des Wirklichen; sie begab sich unmittelbar in das Innerste der Dinge und enthüllte mir statt trügerischer Wirbel von Fakten oder empirischen Gesetzmäßigkeiten eine Ordnung, eine Vernunft, eine Notwendigkeit. Dagegen kamen mir die Naturwissenschaften, die Literatur und alle anderen Disziplinen wie arme Verwandte vor« (MT151; MJF220; ÜV).

Indem sie philosophische Wahrheit als ein unteilbares Ganzes darstellt, gibt sie effektiv zu verstehen, daß eine solche Wahrheit das Ergebnis eines einzigen Meister-Diskurses sein müsse. Oder wie es Descartes ausdrückt: »[...] in den Werken, die aus mehreren Stücken zusammengesetzt sind und von der Hand verschiedener Meister herrühren, [ist] oft nicht soviel Vollkommenheit als in denen, woran ein einziger gearbeitet hat« (*Abhandlung über die Methode*, S. 33).

In mancher Hinsicht liest sich Beauvoirs Schilderung ihrer philosophischen Beziehung zu Sartre wie ein entschiedener Versuch, das Urteil der Prüfer in der Philosophie-*agrégation* 1929 zu bekräftigen. Sie stuften sie als zweite nach Sartre ein; Beauvoir tut ihr möglichstes, um zu beweisen, daß sie recht hatten. Aber was genau sagten die Examinatoren? Sartres Biographin Annie Cohen-Solal teilt mit, daß 1929 66 Kandidaten zum Examen antraten, von denen 27 zur mündlichen Prüfung zugelassen wurden und schließlich 13 bestanden (S. 137). Cohen-Solal sprach auch mit einem Philosophen, Maurice de Gandillac, der einige Mitglieder des Prüfungsausschusses kannte, über den philosophischen Unterschied zwischen den beiden Starstudenten:

»›Rigoros, anspruchsvoll, präzise und methodisch, war sie die Jüngste dieses Jahrgangs‹, erzählt Gandillac weiter. ›Sie war erst einundzwanzig, also drei Jahre jünger als Sartre. [...] Übrigens haben mir später zwei Professoren der Jury, Davy und Wahl, anvertraut, sie hätten lange zwischen ihr und Sartre für den ersten Platz geschwankt. Denn obwohl Sartre offenkundige Qualitäten, eine ausgeprägte Intelligenz und Bildung hatte, die allerdings manchmal ungenau blieb, waren sich alle einig, daß von den beiden sie DIE Philosophie *war* [LA *philosophie, c'était elle*]‹« (S. 138).

Man könnte sich fragen, warum genau sie nur zweite wurde, wenn sie doch Philosophie *war* und er nicht. Vielleicht waren die Prüfer der Meinung, das Entscheidende sei, nicht Philosophie zu *sein*, sondern sie zu *beherrschen*?

Beauvoirs Darstellung ihrer philosophischen Unterlegenheit in bezug auf Sartre ist nicht ohne Widersprüche. Zwar betont sie ihren Mangel an Originalität, beschreibt jedoch sehr detailliert die Schwierigkeiten, die Sartre beim Lesen neuer Philosophen hatte, während sie deren Ideen schneller und genauer aufnahm als er: »Es gelang ihm [Sartre] nur schwer, sich selbst auszuschalten und vorbehaltlos einen fremden Gesichtspunkt zu akzeptieren«, schreibt sie in den *Besten Jahren* in einem Absatz, der sich auf den Frühherbst 1935 bezieht. Ihre Schnelligkeit jedoch verdankt sie voll und ganz ihrer Anpassungsfähigkeit. »Ich mußte keinen Widerstand überwinden«, fährt sie fort, »meine Gedanken paßten sich sofort den Ideen an, die ich zu erfassen versuchte« (BJ189; FA254). Die Betonung seiner beharrlichen Unabhängigkeit im Vergleich zu ihrer mühelosen Anpassung an die Betrachtungsweise eines anderen erinnert unangenehm an traditionelle patriarchale Vorurteile gegen weibliche intellektuelle Fähigkeiten. Doch betont Beauvoir auch, daß sie echtes philosophisches Talent habe und man ihr weder Passivität noch Mangel an Kritikvermögen unterstellen könne: »Kurz, ich besaß solide Assimilationsfähigkeiten und einen entwickelten kritischen Sinn, und die Philosophie war für mich eine lebendige Realität, eine unerschöpfliche Quelle« (BJ189; FA254).

Die Liebe zur Philosophie reicht nicht unbedingt aus, um Philosoph zu *werden*: Beauvoir beharrt darauf, sich als relative philosophische Versagerin darzustellen. Wenn ich die beiden Absätze, in denen sie die Gründe für ihren Entschluß darlegt, Schriftstellerin und nicht Philosophin zu werden, ziemlich ausführlich zitiere, dann deshalb, weil sie ungewöhnlich zwiespältig und widersprüchlich sind:

»Ich hielt mich jedoch nicht für eine Philosophin; ich wußte sehr wohl, daß die Mühelosigkeit, mit der ich in einen Text eindrang, auf meinen Mangel an produktiver Phantasie zurückging. Auf diesem Gebiet sind die wirklich schöpferischen Geister so selten, daß die Frage müßig ist, warum ich nicht versuchte, mich unter sie zu reihen. Man sollte vielmehr ergründen, was gewisse Individuen befähigt, dieses planvolle Delirium, aus dem ein System besteht, durchzuhalten, und woraus ihnen die Beharrlichkeit erwächst, die aus ihren Ideen Schlüssel zum Universum macht. Ich habe bereits gesagt, daß diese Art konsequenten Starrsinns der weiblichen Veranlagung fremd ist.

Ich hätte wenigstens eine wohlfundierte, kritische und vielleicht sogar scharfsinnige Untersuchung über ein umgrenztes Problem anstellen können: einen wenig oder schlecht bekannten Autor, einen Begriff der Logik. Dazu aber hatte ich nicht die geringste Lust. Wenn ich im Gespräch mit Sartre seine Geduld und seine Kühnheit ermaß, schien es mir berauschend, der Philosophie zu leben; aber nur wenn man von einer eigenen Idee besessen ist. Die Ideen anderer auseinanderzusetzen, zu entwickeln, zu beurteilen, zu belegen, das sah ich nicht ein. Bei der Lektüre eines Werkes von Fink fragte ich mich: Wie kann man sich damit abfinden, irgend jemandes Schüler zu sein? Später war ich selbst zeitweilig mit dieser Rolle einverstanden. Damals aber hatte ich zu große Ambitionen, um mich damit zufriedenzugeben. Ich wollte mitteilen, was an meiner Erfahrung original war. Ich wußte, das konnte nur gelingen, wenn ich mich der Literatur zuwandte« (BJ189f; FA254f; ÜV).

Einerseits also scheint Beauvoirs Problem das einer übertriebenen Ambition zu sein: Wenn sie kein eigenes originales philosophisches System begründen, nicht der Meisterphilosoph *par excellence* werden kann, will sie lieber überhaupt keine Philosophie betreiben. Es ist, als sei Philosophie ein Unternehmen, in dem jeweils nur für einen Platz ist. Wenn man nicht Baumeister sein kann, muß man entweder Maurer werden oder den Bau völlig aufgeben. Ihr Widerwille gegen die Schülerposition ist merkwürdig halbherzig: Hier spielt sie auch auf ihre Rolle als eifrige Propagandistin der Philosophie Sartres in den vierziger Jahren an. Obwohl sie betont, daß sie mit diesem Projekt »einverstanden« war, spricht aus ihrer Darstellung dieses Aspekts ihrer Karriere eine gewisse Bitterkeit: Es ist, als ob die Autorin von *Pyrrhus und Cineas* und *Für eine Moral der Doppelsinnigkeit* irgendwie das Bedürfnis hat, eine gewisse Resignation an den Tag zu legen, um geltend zu machen, daß nichts weniger als eine drastische Einbuße an intellektuellem Ehrgeiz sie dazu veranlaßt habe, solche sekundären Werke zu schreiben. Diese beiden Absätze sollen jedoch auch der Kritik zuvorkommen, mit der sie rechnet: Indem sie ihre Fehler selbst zugibt, hofft sie verhindern zu können, daß andere darauf hinweisen. Eine Frau erwirbt sich jedoch nur allzu leicht den Ruf, die einfache Schülerin eines großen Mannes zu sein; es ist sehr viel schwerer, ihn wieder loszuwerden. Es ist in nicht geringem Maße Beauvoirs eigener Darstellung ihres intellektuellen Rangs zuzuschreiben, daß in den siebziger Jahren ihr Eintrag im *Petit Larousse* sie in erster Linie als »Schülerin Sartres« präsentiert. Erst 1987 hatte sich der Eintrag geändert, wenn auch nicht unbedingt zum Besseren: Nun wird sie nicht einfach als »Schülerin Sartres« vorgestellt, sondern als »Schülerin und Gefährtin Sartres und leidenschaftliche Feministin«.

In der zitierten Textpassage verrät sich Beauvoirs Unbehagen über die Frage nach ihrem Verhältnis zur Philosophie auch in dem Versuch, jede weitere Erörterung dieses Themas auszuschließen. Zu fragen, *warum* sie nicht Philosophin werden will – wie ich es hier tue –, sei müßig, schreibt sie, weil ohnehin nur einige wenige Genies in dieser Disziplin Erfolg haben können. Daß sie ein solches Genie nicht ist, sollte uns also nicht im mindesten überraschen. Tatsache bleibt jedoch, daß historisch gesehen *alle* philosophischen Genies Männer waren: Beauvoir unterdrückt hier geschickt die Frage des Geschlechtsunterschieds, nur um gleich im nächsten Satz darauf zurückzukommen. Ein originales philosophisches System zu entwickeln, schreibt sie, erfordert ein ungeheures Maß an besessener Energie, die man bei Frauen angesichts der patriarchalen Konditionierung, die ihr Leben prägt, selten findet. Beauvoir scheint zu glauben, das Patriarchat habe ihr die besondere Willenskraft versagt, die für eine schöpferische Philosophie erforderlich ist, sie aber zugleich mit großen philosophischen Ambitionen ausgestattet – wenn man von der beharrlichen Willenskraft einmal absieht, die notwendig ist, um ein originales *literarisches* Werk zu schaffen, das hier offenbar deutlich geringere Anforderungen stellt als die Philosophie.

Sie scheint zu wissen und es doch nicht wahrhaben zu wollen, daß der Umstand, im philosophischen Feld eine Frau zu sein, sie unerbittlich auf die Schülerrolle und nicht auf schöpferische Arbeit vorbereitete. Auf einer Ebene liefert diese Textpassage also ein interessantes Beispiel für die Widersprüche, die aus Beauvoirs existentialistischem Feminismus entstehen: Obwohl sie sich der gesellschaftlichen Bedingtheit der weiblichen Existenz vollkommen bewußt ist, wird sie von ihrer Philosophie gezwungen, für die freie Wahl des Individuums einzutreten. Sie muß also ihre Berufung als Konsequenz des unabhängigen Wunsches, Romane zu schreiben, präsentieren *und* zugleich andeuten, daß Frauen im Patriarchat, so brillant sie auch sein mögen, praktisch keine Chance haben, bedeutende Philosophinnen traditioneller Prägung zu werden. Doch ihre Identifizierung mit dem philosophischen Feld ist so stark, daß sie die Tradition nicht ein einziges Mal in Frage stellt: Für sie sind große Philosophen Universalgenies, die mit kollektiven Bemühungen nichts im Sinn haben. Sogar in ihrem eigenen Bericht wird die Literatur als eine »leichtere« – »weiblichere« – Alternative bewertet: Auf irgendeine Weise deckt sich schließlich Beauvoirs freie Wahl mit den vorherrschenden gesellschaftlichen Ansichten darüber, welcher Beruf für eine intellektuelle Frau geeignet ist. Das sollte uns nicht überraschen: Die beruflichen Entscheidungen Beauvoirs, einer hochgebildeten Intellektuellen im damaligen Frankreich, waren selbstverständlich durch die gesellschaftlichen und die Bildungsinstitutionen bedingt, in denen sie sich bewegte. Ihr Bericht über die Wahl zwischen Literatur und Philosophie demonstriert ihre unbewußte Internalisierung objektiver gesellschaftlicher Strukturen – oder das, was Pierre Bourdieu ihren *habitus* nennen würde – mehr als deutlich.

Tatsächlich jedoch fiel Simone de Beauvoir das Schreiben von Romanen nicht eben leicht. Vierzehn Jahre lang – von 1929 bis 1943 – arbeitete sie nahezu täglich, ehe sie ihr Ziel, die Veröffentlichung ihres ersten Romans, *L'Invitée* (*Sie kam und blieb*), erreichte. Bis 1935 hatten sich bei ihr bereits zwei voluminöse unveröffentlichte Manuskripte angehäuft.[7] Sobald es ihr gelungen war, sich als Romanschriftstellerin zu etablieren, hob sie gleichsam ihr Embargo gegen die Philosophie auf und schrieb eine Reihe kurzer philosophischer Essays, in denen sie bescheiden ihre Abhängigkeit von Sartre signalisiert. In den vierziger und fünfziger Jahren veröffentlichte sie auch einige politische und polemische Aufsätze (*L'Existentialisme et la sagesse des nations, Privilèges*)[8], ausdrücklich mit der Absicht, den Sartreschen Existentialismus gegen politische Opponenten zu verteidigen. In diesem Kontext, so finde ich, stellt *Das andere Geschlecht* (1949) sowohl den Höhepunkt als auch die Aufkündigung ihrer philosophischen und publizistischen Dienstbarkeit Sartre gegenüber dar. Wenngleich sich die meisten ihrer Essays als ungewöhnlich abhängige Bemühungen präsentieren, widersprechen ihr Stil und ihr Ton diesem Eindruck doch vollkommen. Tatsächlich neigt ihr essayistischer Stil zu Entschiedenheit, Herablassung, sogar zu Arroganz. Das ist nicht der Ton einer stockenden Rednerin, die sich ihrer Abhängigkeit deutlich bewußt ist, und er kann auch nicht einfach als Überkompensation einer verborgenen inneren Unsicherheit abgetan werden. Es ist, als ob ihre Aufsätze alle Merkmale intellektuellen Hochmuts gerade dadurch offenbaren, daß sie den abhängigen und untergeordneten Charakter der Texte deutlich machen.

Es wäre in der Tat abwegig, zu argumentieren, Simone de Beauvoir hätte einen Weg als Berufsphilosophin dem der Literatin vorziehen sollen, oder ihr in der Wertung zuzustimmen, daß die Entwicklung einer eigenständigen Philosophie dem Schreiben von Romanen oder Autobiographien wesentlich überlegen sei. Ihr Wunsch, Schriftstellerin zu werden, läßt sich keineswegs auf den simplen Entschluß reduzieren, die Philosophie eben Sartre zu überlassen – er kann aber auch nicht als uneingeschränkt freie Wahl dargestellt werden. In ihrem besonderen Fall ist er unter anderem auch auf den Einfluß des Vaters zurückzuführen. Schon im Alter von 15 Jahren erklärte sie, daß sie später eine berühmte Schriftstellerin werden wolle: »... in diesem Punkt gab es kein Zaudern bei mir: Unter Ausschluß aller sonstigen Möglichkeiten verlangte ich nur nach dieser«, schreibt sie (MT135; MJF196). Der Grund für diese Wahl war die »Bewunderung, die ich für alle Schriftsteller hegte; mein Vater stellte sie durchaus noch über Naturwissenschaftler, Gelehrte und Professoren. Auch ich war von ihrer Überlegenheit überzeugt« (MT135; MJF197; ÜV).

Nach der Dreyfus-Affäre empfand man in Frankreich das intellektuelle Feld als weitgehend in zwei feindliche Lager gespalten: in die *professeurs* und die *créateurs* (Lehrer und Schöpfer).[9] In diesem Zusammenhang vertrat Beauvoirs Vater, der die *professeurs* als unkreative Emporkömmlinge der unteren Mittelschicht verachtete und die Schriftsteller als Visionäre bewunderte, die Ansichten der rechts gerichteten Anti-Dreyfusards. Bis in die Zeit nach dem Ende des Ersten Weltkriegs hinein pflegten französische Schriftsteller (»Schöpfer«) der Generation Georges de Beauvoirs – er wurde 1878 geboren – wie Proust oder Gide in den intellektuell einflußreichen *salons* der höheren Gesellschaft zu verkehren. Das bereits in den dreißiger Jahren anachronistische Bild des vornehmen, wohlhabenden Schriftstellers aus guter

Familie, der zum eigenen Vergnügen schreibt und seine Zeit weitgehend damit verbringt, sich elegant in den *salons* der feinen Welt zu bewegen, entspricht genau der Existenz, die Georges de Beauvoir für sich selber gewünscht hätte. Trotz der Hochachtung, die er den Schriftstellern seiner Zeit entgegenbrachte, verkannte er jedoch nicht, daß solche Visionen im rauheren Wirtschaftsklima der zwanziger Jahre, in denen seine Tochter heranwuchs, reine Hirngespinste waren.[10]

Wenn Georges de Beauvoir der Entscheidung seiner Tochter für den Schuldienst heftig widerstrebte, dann ebendeshalb, weil diese Wahl sie in eine gesellschaftliche Gruppe verwies, deren Werte ihm verhaßt waren. »Er hielt alle Lehrer für Pedanten mit schlechten Manieren. [...] Gegen die Lehrer hegte er außerdem noch einen tieferen Groll; sie gehörten alle der gefährlichen Sekte an, die sich für Dreyfus eingesetzt hatte: der der Intellektuellen« (MT171; MJF246; ÜV). Zu den Gründen, warum er Simones jüngere Schwester Hélène vorzuziehen begann, zählte nicht nur, daß sie hübscher war, sondern auch, daß sie sich entschlossen hatte, Malerin zu werden – eine in hohem Maße *künstlerische* oder *schöpferische* Laufbahn, die obendrein die Leute glauben machen würde, daß ihr Vater reich genug sei, um ihr Farben und ein Atelier zu finanzieren. »Er ertrug es nicht, zwei Töchter ins feindliche Lager zu treiben«, kommentiert Simone de Beauvoir (MT172; MJF247).

Zwischen Literatur und Philosophie schwankend, sieht sich Beauvoir nach der Zerstörung ihres philosophischen Selbstvertrauens durch Sartre im Jardin du Luxembourg mit dem unangenehmen Gedanken konfrontiert, daß sie nun ihrem Vater die Freude machen müsse, Schriftstellerin zu werden. Tatsächlich hat ihr Vater die Veröffentlichung ihres ersten Romans nicht mehr erlebt. In den späten dreißiger Jahren scheint er die Hoffnung auf eine »schöpferische« Karriere seiner Tochter aufgegeben zu haben. Zu dieser Zeit hielten Familie und Freunde sie für steril: »In meiner Familie und im Kreis meiner Jugendfreundinnen flüsterte man, ich sei eine taube Nuß [*fruit sec*]. Mein Vater wurde wütend: ›Wenn etwas in ihr ist [*dans le ventre*], dann heraus damit‹« (BJ309; FA416). Georges de Beauvoir starb am 8. Juli 1941: Später in diesem Sommer vollendete seine Tochter endlich das Manuskript, aus dem ihr erster veröffentlichter Roman werden sollte.

2 Das Werden einer intellektuellen Frau

> Ich hatte nie an Minderwertigkeitskomplexen gelitten, niemand hatte zu mir gesagt: »Sie denken so, weil Sie eine Frau sind...« Daß ich eine Frau bin, hat mich in keiner Weise behindert. »Für mich«, sagte ich zu Sartre, »hat das sozusagen keine Rolle gespielt.«
>
> *Der Lauf der Dinge*

1929 wurde Simone de Beauvoir in den philosophischen *agrégation*-Prüfungen an der Sorbonne zweite nach Jean-Paul Sartre. Was bedeutet es für eine Frau zu jener Zeit, dieses Examen zu bestehen? Was bedeutet es für sie überhaupt, Philosophie zu studieren? Und warum akzeptiert sie die Überlegenheit des Kandidaten, dem der erste Platz zuerkannt wird, so bereitwillig? Spielt der Umstand eine Rolle, daß sie erst 21 Jahre alt war, als sie das Examen bestand? Oder daß sie erst die neunte Französin war, die jemals *agrégée* in Philosophie wurde? Kurz, in welcher Weise formte diese im französischen Ausbildungsfeld außergewöhnliche Position ihr Selbstverständnis als Intellektuelle?

Um diese Fragen zu beantworten, muß man den Einfluß verstehen, den die eigentümlichen und spezifisch französischen Institutionen der Philosophie-*agrégation* und der École Normale Supérieure auf Simone de Beauvoir ausübten. Darüber hinaus ist es natürlich unerläßlich, das Problem der geschlechtlichen Differenz zu erörtern, mithin zu fragen, was es damals im französischen Ausbildungsfeld bedeutete, eine Frau zu sein. Das Geschlecht allein erklärt jedoch nicht alles: Simone de Beauvoir war auch eine verarmte katholische *bourgeoise*, und sie wurde in Paris geboren und erzogen. Um den gesellschaftlichen Prozeß zu verstehen, der den Werdegang Simone de Beauvoirs als Intellektuelle mitgeprägt hat, habe ich es als nützlich empfunden, mir diese Faktoren – Schicht, Geschlecht, Religion, Lokalisation – als verschiedene gesellschaftliche Diskurse vorzustellen und »Simone de Beauvoir« gleichsam als einen Ort zu betrachten, an dem die vielfältigen Stränge dieses gesellschaftlichen Textes einander überschneiden.

Simone de Beauvoir selbst hätte gegen mein Vorhaben zweifellos Einspruch erhoben. In ihrem Bericht über das Gespräch im Jardin du Luxembourg – das zwischen dem schriftlichen und dem mündlichen Teil des *agrégation*-Examens stattfand – stellt sie die Auseinandersetzung zwischen ihr und Sartre als einen Wettstreit der Intellekte dar; wenn sie verloren hat, dann deshalb, weil sie weniger intelligent ist. Nach ihrer Version der Ereignisse zu urteilen, hat Beauvoir niemals klar erkannt, wie sehr sich in der damaligen französischen Hochschulausbildung die Situation der Männer von der der Frauen unterschied; auch die konkreten Unterschiede der Ausbildung, die sie und Sartre genossen hatten, räumt sie nicht ein. In diesem Kapitel versuche ich darzulegen, daß Beauvoirs Bericht unbefriedigend ist und daß ihre Schlußfolgerung bezüglich ihrer eigenen intellektuellen Fähigkeiten in Wahrheit das überdeterminierte Resultat zahlreicher gesellschaftlicher Faktoren war.[1]

Simones Schulbildung

Simone de Beauvoir gehörte der ersten Generation europäischer Frauen an, deren formale Ausbildung der ihrer männlichen Zeitgenossen entsprach. Weibliche Intellektuelle vor ihr, Autodidaktinnen oder privat unterrichtet, wie Madame de Staël, George Sand, George Eliot oder Virginia Woolf, hatten nie die Möglichkeit, sich im Ausbildungsbereich mit Männern zu messen. Daß ihnen der Zugang zur institutionalisierten Hochschulausbildung verwehrt blieb, beraubte die Frauen ihres intellektuellen Selbstvertrauens und führte zweifellos zu einem Gefühl der Minderwertigkeit gegenüber ihren Brüdern. Zugleich mag ihr Ausbildungsexil sie durchaus vor einigen der Zwänge bewahrt haben, die auf ihren männlichen Kollegen lasteten. Der unvermeidliche Preis, der für diese relative Freiheit der Autodidaktinnen bezahlt werden mußte, war jedoch der Mangel an Prestige: Solange Frauen in bezug auf die etablierten intellektuellen Institutionen Außenseiterinnen blieben, konnten nur wenige, außergewöhnliche Frauen erwarten, Positionen mit gewissem intellektuellem Einfluß zu erlangen.[2]

Bis zu der Zeit, als Simone de Beauvoir das Schulalter erreichte, hatte sich jedoch die Einstellung der Frauen zur Ausbildung radikal gewandelt. Beauvoir gehörte einer neuen und selbstbewußten Generation an, die ihr Recht auf Hochschulausbildung in Frankreich als selbstverständlich betrachtete. Zum erstenmal durchliefen damals Frauen in großer Zahl das französische Bildungssystem in fast derselben Weise wie ihre männlichen Kommilitonen. Die Zahl der Studentinnen stieg von 288 oder 1,7 Prozent aller Studierenden im Jahr 1890 auf über 16 000 oder fast 24 Prozent im Jahr 1929 – dem Jahr, in dem Simone de Beauvoir ihre *agrégation* in Philosophie bestand.[3] Gleichwohl kam ihrer Generation durchaus noch die Rolle von Pionierinnen zu, die häufig als erste die alten Barrieren durchbrachen. Der Zugang der Frauen zu allen Gebieten der Hochschulausbildung in Frankreich wurde in einem langsamen und widersprüchlichen Prozeß gewonnen, in dem sich couragiertes Ausnutzen von Hintertürchen im System, halbherzige Reformen von oben und echter feministischer Kampf miteinander vermengten. Junge Französinnen mußten sich bis in die Zeit nach dem Ersten Weltkrieg gedulden, als das rauhe Wirtschaftsklima eine wachsende Zahl von Mittelschichtfrauen in die Berufsarbeit zwang und sie endlich fast gleichberechtigten Zugang zur Hochschulausbildung erhielten.

1908 als älteste Tochter eines katholischen Elternpaars geboren, trat Beauvoir zu einer Zeit in das französische Schulsystem ein, als die traditionellen katholischen Einstellungen zur Ausbildung von Mädchen tiefgreifenden Veränderungen unterworfen waren. Im späten 19. Jahrhundert lehnten französische Katholiken höhere Schulbildung und ein Universitätsstudium für Frauen in der Regel entschieden ab. Sie schickten ihre Töchter in Frauenklosterschulen und behielten sie in der Zeit zwischen Schulabschluß und Heirat in der Familie. 1931 beendete Edmée Charrier ihre großartige Untersuchung über Frauen und Hochschulausbildung in Frankreich mit der befriedigten Feststellung, daß es mit diesem Dasein nun ein Ende habe: »Die Zeit, als das junge Mädchen nach dem Verlassen des Pensionats seine Tage mit einer langweiligen und trübseligen Stickerei am Fenster sitzend verbrachte, ist nahezu vorbei. Heute nimmt der Anteil der Frau an der Wissenschaft ständig zu« (S. 531). Verallgemeinernd kann man sagen, daß die von Charrier beschriebenen Veränderungen um 1880 einsetzten und sich im Zeitraum von 1900 bis 1930 beschleunigten. Es ist ein verheißungsvolles Zusammentreffen, daß im Jahr 1908, dem Geburtsjahr Simone de Beauvoirs, den staatlichen Schulen Frankreichs – im Gegensatz zu den katholischen und anderen sogenannten »freien« Schulen – endlich erlaubt wurde, Mädchen auf das *baccalauréat* vorzubereiten, das einzige Examen, das den Zugang zu französischen Universitäten garantierte.

Das Milieu Beauvoirs läßt sich am besten folgendermaßen einordnen: obere Mittelschicht mit einer Tendenz zur Mobilität nach unten; die gesellschaftlichen und kulturellen Ambitionen der Familie überstiegen deren finanzielle Mittel bei weitem.[4] Beauvoirs Vater, Georges de Beauvoir (1878–1941), war der jüngere Sohn eines relativ wohlhabenden Beamten, Ernest-Narcisse de Beauvoir, der von seinem Vater umfangreichen Grund- und Immobilienbesitz im Limousin geerbt hatte und der es sich hätte leisten können, allein von seinen Vermögenseinkünften zu leben. Nach dem Tod von Ernest-Narcisses Frau Léontine 1892 wurde Georges dazu ermuntert, den Lebensstil eines Aristokratensprößlings zu pflegen: planloses Studieren, eine Passion für die Laienschauspielerei, keine beruflichen Ambitionen, aber eine aristokratische Verachtung für den »Emporkömmling«. »Mein Vater war ein echter *boulevardier*«, bemerkte Simones Schwester Hélène de Beauvoir einmal in einem Fernsehinterview.[5] Zur Zeit seiner Eheschließung mit Françoise Brasseur war Georges de Beauvoir, erzogen am Collège Stanislas, der katholischen Eliteschule für Knaben in Paris, als Anwalt zugelassen und arbeitete in der Kanzlei eines ziemlich bekannten konservativen Pariser Anwalts.

Simone de Beauvoirs Mutter Françoise (1886–1963) war die Tochter eines dynamischen Bankiers in Lothringen namens Gustave Brasseur. Als Schülerin einer Niederlassung des vornehmen Couvent des Oiseaux erhielt sie die klassische katholische Erziehung eines Mädchens aus der französischen Aristokratie oder dem Großbürgertum. Die erfolgreichen Finanzgeschäfte ihres Vaters ermöglichten der in Verdun ansässigen Familie ein luxuriöses Leben mit Bällen, Jagdgesellschaften, sommerlichen Aufenthalten in prominenten Badeorten und dergleichen mehr. Als sie 1907 Georges de Beauvoir heiratete, schien sie genau das zu sein, wonach er Ausschau gehalten hatte: eine Frau mit beträchtlichen eigenen Einkünften. Doch Georges de Beauvoir hatte Pech: Die Finanzgeschäfte seines Schwiegervaters begannen zu scheitern, als das junge Paar heiratete. Im Juli 1909 wurde die Bank Gustave Brasseurs, die Banque de la Meuse, gerichtlich liquidiert. Sogar der persönliche Besitz der Familie wurde versteigert: Françoises Mitgift wurde nie ausgezahlt. Des Betrugs verdächtigt, wurde Gustave Brasseur verhaftet und 13 Monate lang in Untersuchungshaft gehalten; 1910 wurde er wegen betrügerischen Mißbrauchs von Kundengeldern zu 15 Monaten Gefängnis verurteilt. Als er entlassen wurde, zogen er und seine Frau nach Paris, wo sie sich im Stadtteil Montparnasse niederließen, unweit der Wohnung ihrer Tochter über dem weithin bekannten Café »La Rotonde« an der Ecke des Boulevard Montparnasse und des Boulevard Raspail.

Nach dem Ersten Weltkrieg geriet Georges de Beauvoir finanziell vom Regen in die Traufe. Einige unglückliche geschäftliche Unternehmungen beraubten ihn seiner letzten Mittel: Von nun an mußte die Familie Beauvoir von dem leben, was er gerade verdienen konnte. Da er seine Stellung in der Anwaltskanzlei aufgegeben hatte, schlug er sich wie ein zweiter Leopold Bloom kümmerlich als Anzeigenakquisiteur für die Zeitung *Le Gaulois* durch. Die Familie mußte die Wohnung über der »Rotonde« aufgeben, wo Simone de Beauvoir geboren worden war, und zog in eine kleinere, weniger komfortable Behausung in der Rue de Rennes 71. Dazu Francis und Gonthier:

»Dieser Weltmann, der früher die feinen Manieren über alles gestellt hatte, ›demonstrierte seine Wut über seine Deklassierung durch Ausbrüche‹ (im *Bottin Mondain* war sein Beruf immer noch mit ›Rechtsanwalt beim Gerichtshof‹ angegeben). Er konnte es nicht verwinden, sich zu einer Klasse gehörend zu sehen, die er als minderwertig betrachtete, und dies zeigte er durch lautes und aggressives Benehmen. [...] Er vermittelte Simone den Eindruck, Geld und Erfolg ›absichtlich vernachlässigt‹ zu haben« (S. 51).[6]

Simone de Beauvoir wuchs also in einer Atmosphäre auf, die von der Sehnsucht des Vaters, seiner trostlosen sozialen Lage zu entkommen, und den Scham- und Schuldgefühlen der Mutter über die Schande ihres Vaters und den damit verbundenen Verlust ihrer Mitgift geprägt war. Intellektuell und ideologisch waren die Eltern der kleinen Simone einander diametral entgegengesetzt: Zwar brachte Georges de Beauvoir dem katholischen Glauben einen gewissen herkömmlichen Respekt entgegen, doch betrachtete er Religion als eine Sache für Frauen und Kinder: Seine eigenen Ansichten waren unausrottbar weltlich. Außerdem war er ein radikaler Rechter und hegte ein tiefes Mißtrauen gleichermaßen gegen Ausländer, Juden und Linksintellektuelle. Françoise de Beauvoir dagegen war entschlossen, alles zu befolgen, was sie im Couvent des Oiseaux gelernt hatte, um eine vorbildliche katholische Ehefrau und Mutter zu werden. Angesichts des Umstandes, daß Georges de Beauvoir ein Schürzenjäger war, hatte sie zweifellos die Kraft bitter nötig, die sie offenbar aus ihrem festen religiösen Glauben bezog. Wie wir in Kapitel 1 gesehen haben, hat Simone de Beauvoir selbst stets betont, daß die ideologische Kluft zwischen ihren Eltern der Schlüssel für ihren Wunsch war, eine Intellektuelle zu werden.

Die Diskrepanz zwischen der großbürgerlichen Kultur und deren Umgangsformen, die die Beauvoirs ihren Töchtern zu vermitteln suchten, und den ziemlich beschränkten finanziellen Verhältnissen, in denen sie tatsächlich lebten, tat das ihre, wenn nicht noch mehr als die skizzierten ideologischen Widersprüche, um die beiden Töchter in eine künstlerische oder intellektuelle Laufbahn zu treiben. Simone und Hélène, aufgrund des ursprünglichen gesellschaftlichen Milieus ihrer Eltern in der mißlichen Lage der Erniedrigten oder *déclassées*, konnten sich weder mit ihrer Herkunft identifizieren noch sich als Kleinbürger betrachten – und auf eine kleinbürgerliche Existenz lief Georges de Beauvoirs Situation in den frühen zwanziger Jahren hinaus.[7] In diesem Sinne stellte die Rolle der Künstlerin oder Schriftstellerin, die viel intellektuelles, jedoch bedeutend weniger wirtschaftliches Kapital erfordert, einen naheliegenden Ausweg dar: Obwohl Künstler und Intellektuelle nicht unbedingt über mehr finanzielle Mittel verfügen als das Kleinbürgertum, unterscheiden sie sich in ihrem Lebensstil doch beträchtlich von diesem Milieu.

Weil Simone de Beauvoir ein Mädchen war, wurde ihre Erziehung, namentlich die frühe Erziehung, fast ausschließlich von ihrer Mutter bestimmt. Traditionell hatten katholische Mütter bei der Erziehung der Töchter das Sagen, während es sich von selbst verstand, daß die Erziehung eines Jungen nicht mehr allein Sache der Mutter bleiben durfte, sobald er das Vernunftalter erreicht hatte. Man glaubte auch, daß Mädchen leichter zu beeinflussen seien als Jungen und sie deshalb konsequenter vor weltlichen Impulsen geschützt werden müßten als ihre Brüder. Es kam also überhaupt nicht in Frage, daß die Beauvoir-Töchter eine staatliche Schule besuchten.

Seit den bedeutenden Bildungsreformen Jules Ferrys 1880, in denen der Staat eine kostenlose, nicht-kirchliche Volksschulbildung für alle vorsah, hatte es zwischen staatlichen und kirchlichen Schulen in Frankreich eine radikale Trennung gegeben. Beauvoirs angepaßte Mutter hätte ihren Töchtern unter keinen Umständen erlaubt, das zu besuchen, was sie für eine gottlose Institution hielt: Es verstand sich von selbst, daß Simone und Hélène in einer katholischen Mädchenschule angemeldet wurden, die sinnigerweise den Namen »Cours Désir« (richtiger: Institut Adéline Désir) trug. Da für solche Schulen Schulgeld bezahlt werden mußte, während die staatlichen Schulen kostenlos waren, gehörte die Klientel katholischer Schulen überwiegend dem Bürgertum an. Obwohl sich nach 1902 in Paris katholische höhere Mädchenschulen rasch ausbreiteten, gab es in der Provinz nur wenige Bildungseinrichtungen dieser Art. Als Tochter einer verarmten, in Paris lebenden Mittelschichtfamilie wurde Simone de Beauvoir in eben die gesellschaftliche Gruppe hineingeboren, in der sogar ein Mädchen eine reale Chance – und, wie wir noch sehen werden, wirkliche Anreize – haben konnte, eine höhere Schulbildung abzuschließen. So bedrückend sie ihre Familie auch empfunden haben mag, ihr besonderer sozialer und geographischer Hintergrund war höchstwahrscheinlich die unabdingbare Voraussetzung für ihre spätere Laufbahn als Intellektuelle.

Der Kampf zwischen Kirche und Staat um die Ausbildung der Frauen wurde nicht erst seit den achtziger Jahren des 19. Jahrhunderts ausgetragen; schon 1863 hatte der damalige Unterrichtsminister Victor Duruy die Schaffung von städtischen *cours supérieurs* für junge Mädchen angeregt. Obwohl zu dieser Zeit nur etwa 2000 Mädchen betroffen waren, begegnete die katholische Rechte seiner Reform mit heftigster Empörung. Wie Françoise Mayeur in ihrer unverzichtbaren Studie über höhere Schulbildung für Mädchen in der Dritten Republik darlegt, war Duruys Sturz 1869 in nicht geringem Maße auf die Wirkungen der »beispiellosen« Kampagnen zurückzuführen, die der Klerus gegen seine zaghafte Initiative entfesselt hatte (s. Mayeur, S. 3).

Wenn diese »Oberschulkurse« derart lautstark bekämpft wurden, dann zum guten Teil deshalb, weil sie als Versuch verstanden wurden, eine weltliche Alternative zum Pensionat oder zur Klosterschule zu schaffen. Es mußte sich also um ein teuflisches Komplott handeln, mit dem man Mädchen, die sich der Pubertät näherten, von ihren Müttern trennen wollte, ohne sie hinter den Gittern eines Frauenklosters oder den Mauern eines Pensionats sicher zu verwahren (Mayeur, S. 4). In katholischen Tagesschulen pflegten die Mütter an der Rückwand des Klassenzimmers zu sitzen, wo sie den Unterricht der *bonnes sœurs* verfolgten und das Benehmen ihrer Töchter überwachten. Im Cours Désir beispielsweise hatten die Mütter das Recht, dem Unterricht beizuwohnen, bis ihre Töchter zehn Jahre alt waren. Wie Hélène de Beauvoir sich erinnert, nahm Françoise de Beauvoir besonders gewissenhaft am Unterricht und anderen Schulveranstaltungen teil: »Meine Mutter versäumte nicht eine einzige meiner Unterrichtsstunden. Sie brachte ihre Stickerei mit und fertigte große Wandbehänge in Petit point an [...]« (*Entretien*, S. 23). Als Simone 18 Jahre alt war, erzählt Hélène, öffnete und las ihre Mutter immer noch alle an sie gerichteten Briefe – und, mehr noch, sie warf einfach diejenigen weg, die in ihren Augen für ihre Tochter ungeeignet waren (vgl. *Entretien*, S. 18). Indem sie so dem zeitgenössischen katholischen Ideal der totalen Mutterschaft nacheiferte, versagte Françoise de Beauvoir ihren Töchtern jegliches

Eigenleben und das Recht auf persönlichen Freiraum – und nährte damit nur ihren Zorn, ihre Ressentiments und ihren Wunsch, dem Elternhaus zu entkommen. Für Simone de Beauvoir führte der Weg aus dem Elternhaus über das *baccalauréat*, das Studium an der Sorbonne und – zu guter Letzt – über die *agrégation* in Philosophie.

Dieser spezifische Ausbildungsweg war den Frauen noch nicht lange zugänglich. Das Gesetz, nach seinem Initiator »Loi Camille Sée« genannt, wurde am 21. Dezember 1880 verabschiedet. Paradoxerweise war dieses Gesetz, das den Zugang französischer Mädchen zur höheren Schulbildung ändern sollte, weder sonderlich radikal noch sonderlich frauenfreundlich. Sein Hauptziel war, weltlich gesinnte Ehefrauen für die männliche republikanische Elite zu produzieren, die 1870 an die Macht gekommen war. Auf diese Weise wollte man den oft beobachteten verhängnisvollen Spannungen zwischen einer gläubigen katholischen, in einer Klosterschule erzogenen Ehefrau und einem atheistischen republikanischen Ehemann vorbeugen. Ein weiteres wesentliches Motiv für dieses Gesetz war der Wunsch, die Geschlechter in höheren Schulen zu trennen. Camille Sée selbst betonte die Notwendigkeit, »den weiblichen Charakter und zweckfreies Lernen« zu fördern (Mayeur, S. 394). In der Praxis lief es darauf hinaus, daß man die neue höhere Schulbildung für Mädchen vom traditionellen Hauptstrom des französischen Schulsystems isolierte. Denn obwohl das neue Gesetz eine vollständige Lehrstufe für Mädchen im Alter von zwölf bis 17 Jahren vorschrieb, hinderte es staatliche Schulen daran, sie das *baccalauréat* (entspricht etwa dem deutschen Abitur, d. Ü.) machen zu lassen. Die Lehrstufe für Mädchen war ein Jahr kürzer als die für das *bac* erforderliche, umfaßte weder Griechisch noch Latein und wurde mit einer ziemlich einmaligen Qualifikation abgeschlossen, dem sogenannten *diplôme* (»Zeugnis der höheren Schule«), das die Absolventin genaugenommen für überhaupt nichts qualifizierte. Mädchen aus den unteren Gesellschaftsschichten, die ihren Lebensunterhalt verdienen mußten, hatten für dieses Zeugnis keine Verwendung und zogen es vor, die weniger anspruchsvollen Prüfungen für das Volksschullehrerdiplom (das *brevet supérieur*) abzulegen. Das beruflich bedeutungslose »Oberschulzeugnis« blieb das Monopol der Bessergestellten, die es sich leisten konnten, weiterhin die Schule zu besuchen und eine Prüfung zu machen, die nirgendwohin führte.

Dennoch hatte das Gesetz weitreichende Folgen. Insoweit das Prinzip der getrennten Erziehung von Jungen und Mädchen auf der Überzeugung beruhte, daß die spezifisch weiblichen Eigenschaften eine Lehrmethode erforderten, die sich von der derberen männlichen Einstellung unterschied, führte es zwangsläufig zu der Schlußfolgerung, daß junge Mädchen von Angehörigen des eigenen Geschlechts unterrichtet werden mußten. Auf einen Schlag öffnete sich damit den Frauen ein völlig neuer Beruf: der der Oberschullehrerin. Der Bedarf an Lehrerinnen jedoch bereitete der Regierung eine Reihe neuer Probleme. Zu dieser Zeit gab es für französische Frauen nur einen einzigen Weg, sich für den höheren Schuldienst zu qualifizieren: das *baccalauréat* zu machen, an der Universität zu studieren und eine *licence* zu erwerben, der das ebenfalls von der Universität ausgestellte Diplom für die pädagogische Ausbildung folgte. Die seltenere und begehrtere *agrégation* war eine Ausleseprüfung (*concours*), die in der Regel nach dem Bestehen der *licence* eine zweijährige oder auch längere Teilnahme an Universitätsseminaren erforderte. Die Zahl der bestandenen *agrégations* wurde jedes Jahr von der Zahl der akut freien Stellen in den staatlichen Schulen bestimmt. Inhaber einer *agrégation* wurden Beamte mit einem garantierten Stellenanspruch auf Lebenszeit. Für diese Sicherheit der Anstellung mußten sie ein fast militärisches Versetzungssystem akzeptieren, mit dem das Unterrichtsministerium allein den Ort und die Dauer ihrer Tätigkeit dort bestimmte. Ein *agrégé* unterrichtete weniger und verdiente mehr als ein *licencié*. Dieses System bestand nicht nur in den zwanziger Jahren noch, als Beauvoir studierte: Mit einigen Abänderungen (Inhaber der *agrégation* streben heute eher danach, an der Hochschule, nicht an der höheren Schule zu lehren) ist es in Frankreich nach wie vor in Kraft. Noch lange nach dem Zweiten Weltkrieg war die Stellung eines *professeur agrégé* der Philosophie an einem *lycée* (entspricht etwa dem deutschen Gymnasium, d. Ü.) in Paris für einen französischen Intellektuellen eine höchst angesehene, sogar einflußreiche Position.

Da das »Loi Camille Sée« Frauen im staatlichen Schulsystem den Weg zum *bac* versperrte, schloß es sie auch von den französischen Universitäten aus. Wie also sollten sie Lehrerinnen an höheren Schulen werden? Die Lösung, die man schließlich wählte, war die Gründung einer neuen École Normale Supérieure für Frauen 1881 in Sèvres (nahe bei Paris, aber nicht so nah, daß die Studentinnen den verderblichen Zerstreuungen der Hauptstadt ausgesetzt waren). Die Studentinnen in Sèvres wurden als »Sévriennes« bezeichnet – im Unterschied zu ihren männlichen Kollegen, den *normaliens* oder *Ulmiens* von der »echten« ENS in der Rue d'Ulm im Herzen des Quartier Latin. Die Aufnahme in Sèvres wie in der Rue d'Ulm war von einer Ausleseprüfung abhängig. In Sèvres mußten sich die Studentinnen zunächst auf das *Certificat d'aptitude à l'enseignement secondaire dans les lycées et collèges de jeunes filles* vorbereiten, das oft auch als *licence de Sèvres* bezeichnet wird, und anschließend eine spezifische *agrégation*, die sogenannte *agrégation féminine*, in Angriff nehmen. Diese stellte ein viel umfassenderes und allgemeineres Examen als das ihrer männlichen Kollegen dar. 1885 äußerten sich die – männlichen – Professoren, die diese weiblichen *agrégations* benoteten, zufrieden über das von den Sévriennes erreichte Niveau: es sei gut, aber weit unter dem von Männern verlangten Standard und deshalb Frauen völlig angemessen (vgl. Mayeur, S. 139).

Zunächst konnten die Frauen in Sèvres nur zwischen zwei *agrégations* wählen (Literatur und Naturwissenschaften), aber schon bald wurden zwei weitere hinzugefügt: Mathematik sowie Geschichte und Geographie.[8] Philosophie, klassische Philologie und neuere Sprachen wurden nicht als eigene Disziplinen gelehrt. Da Philosophie und alte Sprachen nicht auf dem Lehrplan für höhere Mädchenschulen standen, ist der Verzicht auf diese Studienfächer nicht sonderlich überraschend. Neuere Sprachen jedoch wurden für das Abschlußzeugnis der höheren Schulen verlangt. Diese sonderbare Ausschließung neuerer Sprachen vom Lehrplan in Sèvres zwang künftige Sprachlehrerinnen, dieselbe *licence* bzw. *agrégation* an der Universität abzulegen wie ihre männlichen Kollegen. Es ist interessant, zur Kenntnis zu nehmen, daß ihr Erfolg in einer ausschließlich männlichen Domäne diesen Frauen kein besonderes Prestige eingebracht hat: Françoise Mayeur weist darauf hin, daß sie nur selten Schulleiterinnen wurden oder irgendeine andere Art beruflicher Auszeichnung erlangten. Ihre berufliche Erfolglosigkeit mag zumindest zum Teil auf den niedrigen Status zurückzuführen sein, den neuere Sprachen in der akademischen Rangordnung Frankreichs einnehmen.

Praktisch mußten also Frauen, wenn sie Fächer unterrichten wollten, die in Sèvres nicht angeboten wurden, an die Universität gehen und deshalb vorher das *bac* erwerben. Vor 1908 war dies nur über Privatunterricht oder nicht-staatliche Schulen zu erreichen. Im Unterschied zu den Sévriennes wurde den an der Universität ausgebildeten Frauen jedoch die Anstellung als Lehrerin in staatlichen Schulen nicht garantiert. Selbst wenn sie die *agrégation masculine* erfolgreich ablegten, bestanden sie als überzählige Kandidatinnen – das heißt, Lehrerstellen waren für sie nicht vorgesehen. In der Praxis bedeutete das folgendes: Wenn es beispielsweise in einem Jahr zwanzig freie Stellen für Deutschlehrer an staatlichen Schulen gab und fünf Frauen bei der *agrégation* unter die ersten zwanzig Kandidaten gelangten, wurden fünf weitere Männer zugelassen, so daß für dieses Jahr die Gesamtzahl der *agrégés* in Deutsch 25 betrug. Auch 1929 konkurrierten erfolgreiche Kandidatinnen nicht mit den Männern um eine Anstellung – ein Umstand, so Beauvoir, der ein ausnehmend freundliches Klima zwischen männlichen und weiblichen Studenten entstehen ließ: »Sie [die Studenten] behandelten mich ohne Herablassung, sogar mit besonderer Freundlichkeit, denn sie sahen keine Rivalin in mir: Mädchen wurden im *concours* zwar nach den gleichen Maßstäben eingestuft wie die männlichen Studenten, aber sie waren nur als Überzählige zugelassen, konkurrierten also mit ihnen nicht um Plätze« (MT284; MJF412; ÜV). Da jedoch bis 1929 die höhere Schulbildung für Mädchen praktisch der für Jungen angeglichen worden war, konnten weibliche *agrégées* damit rechnen, Dauerstellungen an Mädchengymnasien zu erhalten.

In patriarchaler Sicht hatte die Strategie, Frauen als »überzählige Kandidaten« zuzulassen, ihre Schattenseiten. Während sie Frauen daran hinderte, mit Männern um Anstellungen zu konkurrieren, schützte sie die Männer doch nicht vor intellektueller Konkurrenz. Simone de Beauvoir selbst unterschätzt das Ausmaß der Bedrohung, die Männer angesichts der weiblichen Präsenz auf den Listen der Prüfungsergebnisse zu empfinden vermochten. In Frankreich wurden – und werden – diese Prüfungsergebnisse in derselben Weise veröffentlicht wie die Ergebnisse eines sportlichen Wettbewerbs: Der Kandidat mit der höchsten Punktzahl erhält den ersten Platz und so weiter. Obwohl ihre Anstellung gesichert war, mußten Männer gleichwohl die Demütigung ertragen, in einem höchst offiziellen Zusammenhang *nach* Frauen eingestuft zu werden. Laut Edmée Charrier erlitt der männliche Stolz gelegentlich einen schweren Schlag. 1887 beispielsweise waren in den Diplom-Prüfungen für Englischlehrer an höheren Schulen 19 der 36 erfolgreichen Kandidaten Frauen, von denen acht unter die ersten zehn gelangten, während die besten Männer auf dem vierten bzw. zehnten Platz rangierten. Angehenden Deutschlehrern erging es kaum besser: In diesem Fach kamen vier Frauen unter die ersten fünf – der männliche Vorzeigekandidat erhielt den dritten Platz. Nach dieser Erfahrung beschloß das Unterrichtsministerium plötzlich, das System zu reformieren: Ab 1891 mußten Männer und Frauen, die nach wie vor die Examen gemeinsam ablegten, auf getrennten Listen eingestuft werden. »Das Motiv für diese Änderung ist leicht zu durchschauen«, kommentiert Charrier (S. 133). Dasselbe passierte bei allen *agrégations* in neueren Sprachen: Ab den frühen neunziger Jahren wurden Frauen und Männer auf getrennten Ergebnislisten eingestuft; zu gemischten Einstufungen kehrte man erst 1924 wieder zurück.

Paradoxerweise bewirkte die Einführung der höheren Schulbildung für Mädchen, daß in der Zeit von 1880 bis 1908 allein die unabhängigen Schulen – und das waren in großer Mehrzahl die katholischen Schulen – das Recht hatten, Mädchen auf das *baccalauréat* vorzubereiten. Zunächst förderte die Kirche solche Bestrebungen nicht, und katholische Mädchen nutzten dieses Privileg nur begrenzt. Die wirtschaftlichen und sozialen Veränderungen bewirkten jedoch auch einen Wandel der katholischen Einstellungen. 1920, als Simone de Beauvoir zwölf Jahre alt war und ihre Eltern über ihre höhere Schulausbildung nachdachten, faßte der katholische Pädagoge Fénelon Gibon die damals bei den Katholiken der Pariser Mittelschicht vorherrschenden Einstellungen bündig zusammen. Angesichts der Tatsache, daß im Großen Krieg eine ganze Generation junger Männer hingemetzelt worden sei, erklärt er mit Nachdruck, müsse man der Wahrheit ins Auge sehen, daß viele Frauen niemals heiraten würden: Sie brauchten eine Ausbildung, die sie befähigen würde, ihren Lebensunterhalt selbst zu verdienen. Das Abschlußzeugnis der höheren Schule sei »reiner Luxus«, schreibt er (S. 52). Frauen, die Geld verdienen müßten, brauchten das *baccalauréat*, und nichts sonst.

Gibon thematisiert hier lediglich eine Tendenz, die seit dem späten 19. Jahrhundert an Bedeutung zugenommen hatte, als das französische Bürgertum einzusehen begann, daß in Zukunft viele Frauen nicht über die für eine Familiengründung notwendige Mitgift (*dot*) verfügen würden und deshalb ein selbst erarbeitetes Einkommen haben müßten, um einen angemessenen Lebensstandard aufrechterhalten zu können. Nach dem Ersten Weltkrieg entwertete die Inflation Mitgiften und Vermögenseinkünfte. Reine wirtschaftliche Zwänge trieben nun viele Frauen der Mittel- und Oberschicht auf den Arbeitsmarkt. Aber Bürgerfrauen wollten und sollten ihren Lebensunterhalt in bürgerlichem Stil verdienen, und der Weg zu einigermaßen »akzeptablen« Berufen – im Gegensatz zu denen der Arbeiterklasse – führte über das *bac.* Nur wenige Mädchen der Mittelschicht legten beispielsweise das *brevet supérieur* ab, um Volksschullehrerinnen zu werden.[9] In dieser Hinsicht war Simone de Beauvoirs Entschluß, eine Laufbahn im höheren Schuldienst anzustreben, eine überaus repräsentative Lösung des neuen Dilemmas, mit dem sich eine zunehmende Anzahl von Frauen der oberen Pariser Mittelschicht konfrontiert sah. Wenn die intellektuellen Interessen und Ambitionen ihrer Schulfreundin Zaza entschiedener unterdrückt wurden als die Simones, dann war dies fast ausschließlich auf den unterschiedlichen ökonomischen Status der beiden Familien zurückzuführen. Zazas von Wohlstand geprägtes Milieu erlaubte ihr – oder vielmehr ihrer Mutter –, auf eine konventionell angemessene Ehe zu hoffen, während die Mittellosigkeit der Beauvoirs die Eltern zwang, alle derartigen Pläne für Simone und ihre Schwester hintanzustellen.

1902 wurde eine neue Form des *baccalauréat* eingeführt, bekannt als »Latein und Sprachen« (gemeint sind neuere Sprachen, d. Ü.). Im Unterschied zum traditionellen philosophischen *bac* verlangte es kein Griechisch und galt als »leicht«. Die jungen Französinnen stürzten sich sogleich in Scharen auf diesen Abschluß. Ab 1902 wurde eine ganze Reihe nicht-staatlicher Schulen gegründet, um sie auf dieses *baccalauréat* vorzubereiten.[10] Der Cours Désir war insofern typisch für die große Mehrzahl der katholischen Mädchenschulen, als es seine Schülerinnen nur auf das *bac* in »Latein und Sprachen« vorbereitete und die beiden anderen Fächer, Philosophie und Mathematik, den Jungen überließ. Simone de Beauvoir schreibt:

»Im Cours Désir sonderten wir [Simone und Zaza] uns von den anderen ab. Das Institut bereitete nur auf die Prüfung in Latein und Sprachen vor. Monsieur Labille wünschte, daß seine Tochter eine gute naturwissenschaftliche Grundlage erhielt. Mich selbst reizte, was mir Widerstand leistete: Mathematik machte mir Vergnügen. Man beauftragte eine zusätzliche Lehrerin, die uns ab der Sekunda in Algebra, Trigonometrie und Physik unterrichtete« (MT143; MJF209; ÜV).

Zaza und Simone bewiesen ihre Überlegenheit, indem sie gleich beide *bacs* machten: Latein und Sprachen sowie Mathematik. Die einzige Möglichkeit freilich, auch das Mathematik-*bac* abzulegen, bestand darin, für zusätzlichen Unterricht außerhalb der Schule zu bezahlen. Naturwissenschaften empfand man nach wie vor als nicht ganz *comme il faut* für junge Mädchen, und man wüßte gern, warum eigentlich Zazas Vater an diesem Plan so lebhaft interessiert war.

Wenn katholische Schulen in Paris von 1903 bis etwa 1910 mit dem Angebot der Vorbereitung auf das *baccalauréat* für Frauen die Führung übernahmen, holten die staatlichen Schulen sie bald ein. Die *lycées*, denen seit 1908 offiziell erlaubt war, Mädchen auf das *baccalauréat* vorzubereiten, hatten in der Tat schon seit einigen Jahren den entsprechenden Unterricht angeboten. Bis zum Ausbruch des Ersten Weltkriegs boten alle Pariser *lycées* das *bac* für Mädchen wie für Jungen an (Mayeur, S. 398). Gewiß hat Simones atheistischer Vater in den zwanziger Jahren das *lycée* als eine Möglichkeit für seine Töchter ernsthaft in Erwägung gezogen. 1920 wies Fénelon Gibon warnend darauf hin, daß die katholischen Schulen im Begriff seien, der Konkurrenz der staatlichen Schulen zu erliegen, und die Katholiken mit noch besseren Lehrern aufwarten müßten als die *lycées*, wenn sie ihre Klientel behalten wollten (S. 72f.).

Beauvoirs Beschreibung ihrer Lehrerinnen am Cours Désir liest sich einigermaßen betrüblich: »Sie waren reicher an Tugenden als an Diplomen«, kommentiert sie (MT117; MJF170). Auch ihr Vater verhehlte seine schlechte Meinung über ihre Fähigkeiten nicht: »Er ging sogar so weit, Mama vorzuschlagen, sie solle uns, meine Schwester und mich, aufs *lycée* schicken; wir würden dort mehr lernen, und das für weniger Schulgeld« (MT117; MJF170; ÜV). Diesmal traf sich Simones Herzenswunsch mit den religiösen Einwänden ihrer Mutter: Simone wollte nicht von Zaza getrennt werden, und für die katholische Familie Lacoin (in den Memoiren »Mabille«) kam es überhaupt nicht in Frage, *ihre* Tochter in eine weltliche Schule zu schicken. Simone blieb also bei ihren angepaßten Lehrerinnen. »Mit Zaza und einigen Klassenkameradinnen machte ich mich über die lächerlichen Seiten unserer [...] Lehrerinnen lustig« (MT117; MJF171). Als sie 1925 das *bac* bestand, schnitt sie in Philosophie wegen des unsäglichen Unterrichts ihres Philosophielehrers am Cours Désir, Abbé Trécourt, schlecht ab und erreichte von zwanzig möglichen Punkten nur elf – zehn waren für das Bestehen notwendig (MT153; MJF223). »Er beschränkte sich darauf [...], uns die nach dem Lehrbuch auswendig gelernten Lektionen aufsagen zu lassen. Zu jedem Problem lieferte der Verfasser, der hochwürdige Pater Lahr, eine knappe Zusammenfassung der menschlichen Irrtümer und lehrte uns die Wahrheit nach dem heiligen Thomas von Aquin« (MT150; MJF219; ÜV).

»Ein neues Leben, ein anderes Leben«: Die Sorbonne

Der Herbst 1925 markierte einen Wendepunkt im Leben Simone de Beauvoirs.[11] Im Alter von siebzehneinhalb Jahren hatte sie den Cours Désir endgültig zum letztenmal gesehen; endlich würde sie eine richtige Studentin werden. Aber was eigentlich sollte sie studieren? In ihren Memoiren erklärt sie, daß sie zunächst daran gedacht habe, nach Sèvres zu gehen: In einer Zeitschrift hatte sie eine poetische Beschreibung der Freuden dieser Schule aus der Feder einer ehemaligen Studentin gelesen: »Sie schilderte Gärten, in denen schöne, wissensdurstige Mädchen im Mondschein spazierengingen: Ihre Stimmen vermischten sich mit dem Geplätscher der Springbrunnen« (MT152; MJF221). Die traumatische Szene am Medicibrunnen vorwegnehmend und umkehrend, ist die hier beschworene glückselige Harmonie in der Geborgenheit einer mondhellen Klausur das genaue Gegenteil des Schmerzes, der Verwirrung und der Niederlage, die Simone im Jardin du Luxembourg erleidet. Beide Szenen spielen sich in einem Garten mit Springbrunnen ab: Der Unterschied liegt im Geschlecht der Gesprächsteilnehmer. In Beauvoirs Memoiren weicht der ziemlich klischeehafte Traum (das romantische Mondlicht sagt alles) von vollkommener weiblicher Harmonie der harten Tagesrealität intellektueller Machtkämpfe zwischen Männern und Frauen.[12]

Beauvoir entschied sich jedoch gegen Sèvres: »Meine Mutter aber hegte ein Mißtrauen gegen Sèvres«, schreibt sie, »und nach reiflicher Überlegung hatte ich selbst keine Lust, außerhalb von Paris nur mit Frauen in einer Art Klausur zu leben« (MT152; MJF221f). Ihre Mutter hatte gute Gründe, sie nicht nach Sèvres gehen lassen zu wollen. Gibon weist darauf hin, daß die Studenten unabhängiger Institutionen (des *enseignement libre*), das heißt katholische Studenten, nach dem Abschlußexamen bereit sein mußten, an staatlichen Schulen zu unterrichten (S. 189f.). Von Françoise de Beauvoir, die beträchtliche finanzielle Opfer gebracht hatte, um ihre Töchter von weltlichen Schulen fernzuhalten, konnte man schwerlich erwarten, daß sie einen solchen Plan mit Gleichmut hingenommen hätte.

Aber es gab noch einen weiteren Grund für Beauvoir, nicht nach Sèvres gehen zu wollen: ihr Interesse an Philosophie. Wie wir bereits gesehen haben, durften und konnten die Frauen in Sèvres die sogenannte »männliche« Philosophie-*agrégation* nicht ablegen. Zunächst jedoch hatten sich Simones Eltern geweigert, sie überhaupt Philosophie studieren zu lassen. Was immer sie studieren wollte, ihr Vater bestand auf finanzieller Sicherheit für seine Tochter: Man durfte nicht zulassen, daß sie am Ende Privatunterricht gab. Wenn sie schon Lehrerin werden mußte, sollte sie nach seinem Willen ihre *agrégation* ablegen und in den staatlichen Schuldienst eintreten, wo sie als angesehene Beamtin eine Anstellungsgarantie und eine staatliche Alterspension zu erwarten hatte. Das finanzielle Argument war ausschlaggebend: Françoise de Beauvoir gab nach, und den Nonnen und anderen Lehrerinnen im Cours Désir wurde verkündet, daß Simone *lycée*-Lehrerin werden sollte. Simone war entzückt. Die Entrüstung ihrer Lehrerinnen konnte sie nur in Hochstimmung versetzen: »Welch ein Skandal! [...] Ungerührt las ich in den Blicken meiner Erzieherinnen Kritik an meiner Undankbarkeit, meiner Unwürdigkeit, meinem Verrat: Satan hatte mich umgarnt« (MT153; MJF223; ÜV).

Aber wenn sich Beauvoir entschloß, nicht nach Sèvres zu gehen, warum erwog sie dann nicht ein Studium an der École Normale Supérieure in der Rue d'Ulm? Viele Kritiker, die sich von der Tatsache irreführen ließen, daß sie und Jean-Paul Sartre 1929 die Prüfungen gemeinsam ablegten, glauben offenkundig, daß Beauvoir Sartre dort kennengelernt habe. Laut ihren Memoiren jedoch hat sie niemals auch nur daran gedacht, sich an dieser Hochschule zu bewerben. Dafür gab es triftige Gründe, nicht zuletzt den, daß die ENS 1925 offiziell weibliche Studenten überhaupt nicht aufnahm. Als 1910 eine Frau, Mademoiselle Rivière, die Aufnahmeprüfungen für die naturwissenschaftliche Abteilung bestand (sie hatte die einschlägigen Formulare nur mit ihren Initialen unterschrieben), wurde sie als *élève de l'école* aufgenommen und erhielt vollen Studentenstatus, einschließlich des vom Staat monatlich gezahlten kleinen Zuschusses, während man ihr Kost und Logis verweigerte. Im Jahr darauf, berichtet Edmée Charrier, beschloß der Verwaltungsrat der ENS, Frauen aus der Rue d'Ulm auszuschließen. Von 1912 bis 1926 bestanden trotzdem vier Frauen die Aufnahmeprüfungen (alle in Naturwissenschaften); allen wurde der Status des *élève de l'école* verweigert und statt dessen ein sogenanntes »Universitätsstipendium« (*bourse de l'Université*) angeboten. Die letzte von ihnen, Mademoiselle Jacotin, die die Aufnahmeprüfung 1926 bestanden hatte, beschloß gegen diese ungerechte Behandlung zu protestieren; die Presse nahm sich ihrer Sache an, und 1927 wurde ihr der volle Studentenstatus in der ENS garantiert; damit war den 36 Frauen der Weg geebnet, die von 1927 bis 1939 zugelassen wurden.[13] Simone Weil, nur ein Jahr jünger als Beauvoir, begann ihr Studium an der ENS 1928, das heißt in Sartres letztem Jahr dort, als Beauvoir sich in ihrem Drang, möglichst rasch finanziell unabhängig zu werden, bereits intensiv auf ihre *agrégation* vorbereitete.[14]

1940 wurde die Schule für Frauen erneut geschlossen – offiziell mit der Begründung, daß Sèvres nun genau dieselben Möglichkeiten biete wie die Rue d'Ulm. Doch auch in den dreißiger Jahren wurden den weiblichen Studenten der ENS nicht die gleichen Rechte zugestanden wie den Männern. Eine Ex-Ulmienne, Madame Martinet, die 1937 in die Schule eintrat, erinnert sich lebhaft daran, daß Frauen nicht im Speisesaal essen durften: Sie sollten vor der ordinären Ausdrucksweise ihrer männlichen Kollegen geschützt werden.[15] Da Frauen in der Schule weder wohnen noch essen durften, blieben sie de facto von einem großen Teil der zwangloseren intellektuellen und gesellschaftlichen Aktivitäten an der ENS ausgeschlossen.

1925 also war die ENS in der Rue d'Ulm für Simone de Beauvoir keine Alternative. Sie mußte an der Sorbonne eine *licence* erwerben, dann das Lehrerdiplom und schließlich die *agrégation*. Sie wollte unbedingt Philosophie studieren. Ihre Mutter beriet sich darüber mit Simones Lehrerinnen: »Sie erklärten [...] meiner Mutter, daß die Philosophie die Seelen gründlich verderbe: Nach einem Jahr Sorbonne hätte ich meinen Glauben und meine Moral verloren« (MT153; MJF223; ÜV). Simone willigte ein, statt dessen klassische Philologie (*lettres*) und Mathematik zu studieren. Auch von der sündigen Sorbonne wollte man sie tunlichst fernhalten: Mathematik sollte sie am Institut catholique, klassische Philologie am Institut Sainte-Marie in Neuilly studieren, einer Einrichtung nur für Frauen, gegründet und geleitet von der kämpferischen Madame Daniélou, die sich stark für die Ausbildung katholischer Mädchen engagierte.[16] Das Institut catholique bildete Männer und Frauen aus: 1928/29, informiert uns Edmée Charrier, waren 31 Prozent bzw. 461 der 1480 Studierenden Frauen (Charrier, S. 235). Das entspricht, nebenbei bemerkt, etwa dem Prozentsatz weiblicher Studenten, dessen sich in den achtziger Jahren so manches Oxbridge[17]-College rühmte. Beide Institute waren gegründet worden, um katholische Studenten auf die Sorbonne-Examen vorzubereiten und sie auf diese Weise vor dem weltlichen Einfluß der Sorbonne-Studenten wie ihrer Professoren zu bewahren. »Unsere Beziehungen zur Sorbonne würden sich so auf ein Minimum beschränken«, kommentiert Beauvoir (MT 160; MJF 233; ÜV).

In ihrem ersten Studienjahr (1925/26) erwarb Simone de Beauvoir jeweils ein *certificat* in Literatur, Mathematik und Latein. Außerdem lernte sie Griechisch von Grund auf. Man weiß diese Leistungen besser einzuschätzen, wenn man zur Kenntnis nimmt, daß man für eine *licence* damals normalerweise vier *certificats* brauchte: Der Durchschnittsstudent pflegte auf eines pro Jahr hinzuarbeiten, während ein außergewöhnlich begabter und fleißiger Student zwei im Jahr erreichen konnte. Aber Simone war mit ihrer Arbeit nicht zufrieden: Nichts begeisterte sie wirklich. Unterstützt von Mademoiselle Mercier am Institut Sainte-Marie (in den Memoiren »Mademoiselle Lambert«), die eine der ersten sechs weiblichen Philosophie-*agrégées* in Frankreich und eine enge Mitarbeiterin von Madame Daniélou gewesen sein muß, entschloß sie sich, zu ihrer ersten Liebe, der Philosophie, zurückzukehren. Diesmal stimmten ihre Eltern zu.

Die Wahl dieses Studienfachs war bei Frauen nicht eben üblich. Beauvoir wußte, daß es in der Tat nur sehr wenige Philosophinnen gab. »Ich wünschte mir, eine dieser Pionierinnen zu werden«, schreibt sie (MT153; MJF222). Sie stellt ihre philosophische Berufung als eine überwältigende Inspiration dar, ausgelöst vom Beispiel einer Wegbereiterin, der ersten Frau, die in Frankreich in Philosophie promoviert hatte, Léontine Zanta:

»Ich hatte in einer Zeitschrift einen Artikel über eine Philosophin gelesen, die Mademoiselle Zanta hieß: Sie hatte den Doktor gemacht. Auf der Photographie sah man sie mit ernstem, nachdenklichem Gesicht an ihrem Schreibtisch sitzen; sie lebte mit einer jungen Nichte zusammen, die sie adoptiert hatte; auf diese Weise war es ihr gelungen, ihr geistiges Leben mit den Bedürfnissen des weiblichen Gefühlslebens in Einklang zu bringen. Wie sehr wünschte ich mir, daß man eines Tages auch über mich so schmeichelhafte Dinge schreiben würde!« (MT152f; MJF222; ÜV)

Die heute vergessene Léontine Zanta hatte im Mai 1914 an der Sorbonne ihre philosophische Dissertation über die Wiedergeburt des Stoizismus im Frankreich des 16. Jahrhunderts verteidigt. Die Zeitungen berichten voller Respekt und ritterlicher Bewunderung über dieses Ereignis. Man habe nicht damit gerechnet, staunt ein Reporter, daß eine der ersten beiden *doctoresses* in Frankreich die Promotion in Philosophie gewagt habe, die doch allgemein als »die schwierigste und gefürchtetste« gelte und »so viel Geisteskraft und so viel Erfahrung im Umgang mit Begriffen erfordert, daß man sie für eine Domäne der Männer hält«.[18] Derselbe Berichterstatter verbreitet sich über Mademoiselle Zantas bewundernswerte Verteidigung ihrer Dissertation, in der sich die »Ungezwungenheit der Frau von Welt mit der Beweglichkeit eines einfallsreichen Geistes« verbinde, und nutzt die Gelegenheit, um zu behaupten, daß kein anderes Land der Welt so viele gelehrte *und* feminine Frauen hervorgebracht habe wie Frankreich.[19]

Léontine Zanta, in den siebziger Jahren des 19. Jahrhunderts

als fünftes Kind eines elsässischen *Lycée*-Lehrers in Mâcon geboren, war zu ihrer Zeit eine intellektuelle Berühmtheit, die sich im Journalismus und in der Frauenbewegung der zwanziger Jahre einen Namen gemacht hatte. Sie wurde nie an einer Hochschule angestellt und verdiente ihren Lebensunterhalt als Privatlehrerin, Journalistin und Schriftstellerin. Die Verfasserin mehrerer Romane über intellektuelle Frauen und einiger Essays über Feminismus erhielt in den späten zwanziger Jahren das Kreuz der Ehrenlegion.[20]

Simone de Beauvoirs Wunsch, zu einer kleinen Elite weiblicher Philosophen in Frankreich zu gehören, hätte leicht mit einer Reihe institutioneller Hindernisse kollidieren können. In der Tat, wäre sie nur wenige Jahre älter gewesen, hätte sie sich ihnen vermutlich überhaupt nicht anschließen können. Léontine Zanta beispielsweise war nie *agrégée* in Philosophie. In Frankreich wurden Frauen erst 1924 zu allen *agrégations* und anderen Examen zugelassen, die zuvor Männern vorbehalten waren. Gleichzeitig wurden gemeinsame Einstufungen für alle Prüfungen vorgeschrieben: Die Gefühle der Männer sollten nicht mehr geschont werden. Was die *agrégation* in Philosophie betraf, die prestigeträchtigste und darum »männlichste« aller männlichen *agrégations*, so beschloß das Unterrichtsministerium 1918, Frauen mit Wirkung ab 1919 völlig auszuschließen. Angesichts der Tatsache, daß bis 1918 überhaupt nur eine einzige Frau die Philosophie-*agrégation* bestanden hatte (und das schon 1905)[21], fragt man sich, warum die zuständigen Herren es plötzlich für notwendig hielten, die Frauen daran zu hindern, das Examen wenigstens in Angriff zu nehmen. Laut Edmée Charrier protestierten die Philosophieprofessoren der Sorbonne (alle männlich) vehement gegen diesen Ausschluß, der, wie sie argumentierten, ihren Studentinnen schweres Unrecht zufüge, und ein Jahr später wurde die Maßnahme wiederaufgehoben (S. 135 f.). Von 1920 bis 1928 gelang es sieben Frauen, die Philosophie-*agrégation* zu erwerben, und 1929 waren vier von 13 erfolgreichen Kandidaten Frauen.[22]

Mit anderen Worten: Nur fünf Jahre früher wäre das berühmte Ergebnis der *agrégation* von 1929 – und damit auch das schicksalhafte philosophische Gespräch im Jardin du Luxembourg – nicht möglich gewesen. Daß sich Simone de Beauvoir nur in bezug auf Sartre als zweite verstand, ist sicherlich von dem Umstand entscheidend beeinflußt worden, daß sie zweite in der *agrégation* wurde, in der er die Nummer eins war. Man fragt sich, wie sie sich eingeschätzt hätte, wenn ihr eine so bedeutende institutionelle Bestätigung ihres Rangs vorenthalten worden wäre.

Wenn Beauvoir in *Das andere Geschlecht* schreibt, die Frauen ihrer Generation brauchten für ihre Grundrechte nicht mehr zu kämpfen, weil »wir die Partie im großen und ganzen gewonnen haben« (AG24; DSa29), ist dies eine Verallgemeinerung, die fast ganz auf ihren Erfahrungen als Studentin und junge Philosophielehrerin in den späten zwanziger und frühen dreißiger Jahren basiert, als sie das Glück hatte, nicht ein einziges Mal mit unverhüllt deutlicher institutioneller Geschlechtertrennung konfrontiert zu werden. Es ist jedoch lehrreich, zu erkennen, wie wenig dazu gehört hätte, daß ihr Bildungsweg für sie zu einer ganz anderen Erfahrung geworden wäre. Gemischte Einstufungslisten in der Philosophie-*agrégation* wurden beispielsweise 1929 eingeführt; in den späten dreißiger Jahren trennte man jedoch wieder nach Geschlechtern. Frauen war es erst ab 1924 erlaubt, alle Universitätsexamen mit Männern gleichberechtigt abzulegen. Um diese Zeit waren die Lehrpläne der *lycées* für Mädchen und Jungen einander weitgehend angeglichen: Frauen wie Männer mußten nun die *bac*-Lehrpläne unterrichten, und das Abschlußzeugnis für Mädchen geriet praktisch in Vergessenheit. 1924 jedoch verdienten weibliche *agrégées* immer noch weniger als ihre männlichen Kollegen. Nun, da man von ihnen erwartete, daß sie dieselben Examen ablegten und nach denselben Lehrplänen unterrichteten, stellten sie mit Erfolg ihr Recht auf gleiche Bezahlung zur Debatte, und im August 1927 wurden männlichen und weiblichen *lycée*-Lehrern gleiche Gehälter be-

willigt.[23] Als Simone de Beauvoir ihre erste Lehrerinnenstellung in Marseille antrat, konnte sie dasselbe Gehalt erwarten wie Sartre in Le Havre, doch war dieses Recht erst vier Jahre zuvor errungen worden.

Wie wir bereits gesehen haben, durfte Beauvoir erst 1926 mit dem Philosophiestudium anfangen. Unter diesen Umständen ist die Tatsache, daß sie die *agrégation* schon 1929 glanzvoll bestand, nichts weniger als erstaunlich. Es ist sicherlich ein eindrucksvolleres Bravourstück als Sartres erster Platz im selben Examen. Bis 1929 hatte Sartre nicht weniger als *sieben Jahre* Philosophie studiert (er bestand sein *bac* 1922 und wich niemals von seiner philosophischen Berufung ab). Dagegen lag Beauvoir wegen ihres verspäteten Anfangs mit ihrem Philosophiestudium bereits um ein Jahr zurück. Im März 1927 bestand sie ihr *certificat* in Philosophiegeschichte und im Juni das in »Allgemeiner Philosophie«, in dem sie übrigens zweite nach Simone Weil wurde. Der dritte auf der Ergebnisliste war Maurice Merleau-Ponty (»Jean Pradelle« in den Memoiren), der in der Rue d'Ulm studierte. Sie erwarb auch ihr *certificat* in Griechisch: Das Ergebnis ihrer ersten beiden Studienjahre entsprach bereits eineinhalb *licences* (vgl. MT234f; MJF339).

Für 1927/28 plante Beauvoir drei weitere *certificats*, um ihre beiden *licences* – klassische Philologie und Philosophie – in diesem Jahr abzuschließen. Im März 1928 erwarb sie die beiden *certificats*, die sie in Philosophie brauchte (Ethik und Psychologie); das letzte in klassischer Philologie erforderliche *certificat* betraf die Sprachwissenschaft. Sie stellte fest, daß ihr die Trockenheit dieses Fachs widerstrebte, und gab den Plan, eine doppelte *licence* zu erwerben, auf. Ihr Vater, der seine Tochter gern als Wunderkind gesehen hätte, wenn er sie schon nicht verheiraten konnte, war enttäuscht. »Aber ich war nicht mehr sechzehn Jahre alt: Ich blieb fest« (MT254; MJF368), kommentiert Beauvoir trocken. Da ihr ein freies Sommersemester zur Verfügung stand, beschloß sie, sich auf das für den Unterricht an höheren Schulen erforderliche

Lehrerdiplom und zugleich auf die *agrégation* vorzubereiten – ein, gelinde gesagt, ganz ungewöhnlicher Plan. Für dieses Diplom mußte eine schriftliche Arbeit über ein philosophisches Thema vorgelegt werden. Dem Rat des Sorbonne-Professors Léon Brunschvicg folgend beschloß sie, über den »Begriff bei Leibniz« zu schreiben (MT255; MJF369).

Beauvoirs letztes Studienjahr war vermutlich das schwerste. Aber sie arbeitete überaus intensiv: Für sie bedeutete die *agrégation* vor allem Freiheit – die Freiheit, ihren Lebensunterhalt selbst zu verdienen, das Elternhaus zu verlassen und niemandem mehr über ihr Verhalten Rechenschaft schuldig zu sein. Dieser Lohn war jede noch so große Anstrengung wert. Im Januar 1929 absolvierte sie das für das Lehrerdiplom erforderliche Lehrpraktikum am *lycée* Janson-de-Sailly – zusammen mit Claude Lévi-Strauss, der sich wie sie auf die *agrégation* an der Sorbonne vorbereitete, und dem *normalien* Merleau-Ponty, den sie gut kannte. Mittlerweile hatte sie – bis auf die kleine Clique, die aus Sartre, Paul Nizan und René Maheu bestand – praktisch alle ENS-Studenten im letzten Studienjahr kennengelernt.

Damals wie heute beruhten die philosophischen *agrégation*-Prüfungen auf einer Liste von neun bis zehn Themen, von denen nur eines in der schriftlichen Prüfung gestellt wurde. Dieses System erklärt, warum Sartre bei seinem ersten Versuch 1928 scheitern konnte. Möglicherweise war er auf das gestellte Thema schlecht vorbereitet. Wie durch ein Wunder traf es sich jedoch, daß das Thema der schriftlichen Prüfung 1929 »Freiheit und Kontingenz« lautete, und sein Triumph war vollkommen. Dafür bieten sich zwei Deutungen an: Entweder schnitt Sartre bei der schriftlichen Prüfung so gut ab, weil das Thema ideal mit seiner Hauptbeschäftigung übereinstimmte, oder – wie Michèle Le Doeuff einmal bemerkt hat – er verbrachte die folgenden fünfzehn Jahre damit, seine Examensarbeit beharrlich zu überarbeiten.

Ein wichtiger Teil der mündlichen Prüfungen ist der sogenannte *discours*, eine Art Kurzvorlesung, für die der Kandidat innerhalb weniger Stunden einen Vortrag über ein ihm zuvor nicht bekanntes Thema vorbereiten muß. Für diesen Prüfungsteil braucht man eine gewandte Zunge und beträchtliches methodisches Geschick. Genau in diesem Punkt kommt die spezifische Ausbildung der ENS-Studenten zur Geltung: In der vorgeschriebenen Methode intensiver gedrillt als irgend jemand sonst, konnte man 1929 zweifellos voraussetzen, daß sie für diese Leistung besser gerüstet waren als Kandidaten der Sorbonne. In *Tristes tropiques* (dt. *Traurige Tropen*) übt Claude Lévi-Strauss scharfe Kritik an dem unvermeidlichen dreiteiligen Denkmuster, das von den Examinatoren der *agrégation* bevorzugt wurde:

»Ich begann zu lernen, daß jedes Problem, ob bedeutend oder unbedeutend, mit der immer gleichen Methode gelöst werden kann, die darin besteht, daß man zwei traditionelle Auffassungen der Frage einander gegenüberstellt, die erste einführt, indem man an den gesunden Menschenverstand appelliert, um sie dann mittels der zweiten zu zerstören und schließlich beide dank einer dritten Auffassung zu verwerfen, die den gleichermaßen einseitigen Charakter der beiden anderen enthüllt. Mit Hilfe einiger verbaler Kunstgriffe sind nun beide Auffassungen zu einander ergänzenden Aspekten desselben Gegenstandes geworden: Form und Inhalt, Behälter und Ladung, Sein und Schein, Kontinuität und Diskontinuität, Wesen und Existenz und so weiter. Diese Übungen werden rasch zu einer rein verbalen Angelegenheit und basieren auf einer Kunst des Wortspiels, die das Denken ersetzt. [...] Fünf Jahre Sorbonne beschränkten sich auf das Erlernen dieser Gymnastik. [...] Ich brüstete mich, innerhalb von zehn Minuten ein solides dialektisches System für eine einstündige Vorlesung über die jeweiligen Vorzüge von Bussen und Straßenbahnen ausarbeiten zu können« (S. 52 f.).[24]

Dieses System hat sich seit den zwanziger Jahren kaum verändert. Offenbar kann man auch heute noch beobachten, wie die ENS-Studenten ihre Prüfungsbögen in drei Teile und diese wiederum weiter aufteilen, noch bevor sie wissen, über welches Thema sie ihren Vortrag halten sollen. In der Tat empfinden es manche Studenten als äußerst kühn, wenn sie ihren *discours* zwei- statt dreiteilig abfassen.[25] In seiner Sartre-Biographie weist Ronald Hayman darauf hin, wie wenig die ENS tat, um Sartre von seiner Neigung abzubringen, allzusehr auf brillante Improvisation zu setzen:

»Die École Normale war untauglich, ihre Studenten zu sorgfältigem Quellenstudium zu erziehen. So war Sartre nicht von seiner Neigung abzubringen, sich auf ungesicherte Fakten zu verlassen, die er zudem unzulänglich beherrschte. Aber er ging schon jetzt virtuos mit Worten um, und mit seiner angenehmen Stimme sollte er sein Leben lang ein Publikum von einer Person, fünf oder fünfhundert Leuten faszinieren können, indem er sprach, als denke er laut, während seine verbale Virtuosität es ihm schon jetzt gefährlich leichtmachte, zu schreiben, als improvisiere er« (S. 93; ÜV).

Im Frühjahr 1929 entwickelte sich eine enge Freundschaft zwischen Simone de Beauvoir und René Maheu (in den Memoiren »Herbaud«), und nach dem schriftlichen Teil der *agrégation* wurde sie schließlich offiziell eingeladen, sich zusammen mit Sartre, Maheu und Nizan auf die mündliche Prüfung vorzubereiten. Es ist kaum zu bezweifeln, daß sie davon für die mündliche Prüfung profitiert hat: Letztlich lief die Erfahrung wochenlanger enger Zusammenarbeit mit der Elite der ENS auf nicht mehr und nicht weniger als einen Intensivkurs in den Prüfungsmethoden der ENS hinaus. Sie lernte Sartre, den sie bislang nur in Vorlesungen gesehen hatte, an einem Montagmorgen in seinem Zimmer in der Cité universitaire kennen, wo er, Nizan und Maheu sie er-